101 TRUCS ET CONSEILS

PRENDRE DES DÉCISIONS

ROBERT HELLER

W0214794

MANGO PRATIQUE

UN LIVRE DE DORLING KINDERSLEY

Première édition en Grande-Bretagne en 1998 par
Dorling Kindersley Limited
9 Henrietta Street, Londres

© 1998 Dorling Kindersley Limited

© 1999 Mango Pratique pour la langue française
Dépôt légal : juin 1999
Traduction : Muriel Leroux
Adaptation : Dominique Montembault
Composition, mise en pages : Studio Michel Pluvinage
Imprimé en Italie

ISBN 2 84270 133 X

MANGO *PRATIQUE*

SOMMAIRE

Appliquer une Décision

INTRODUCTION

Prendre des décisions est l'une de nos principales activités, dans le cadre professionnel comme privé. Les décideurs sont ceux qui doivent trancher, parfois sans ménagement, entre deux solutions. Prendre des décisions décrit toutes les étapes du processus permettant de choisir, de façon appropriée et efficace, des premières délibérations jusqu'à la mise en application. Destiné à tout décideur potentiel, novice comme expérimenté, cet ouvrage explique comment susciter des idées, établir des prévisions, mesurer les risques et régler les problèmes humains. En fin d'ouvrage, un test vous permettra d'évaluer vos compétences actuelles de décideur, et 101 trucs et conseils dispersés au fil des pages vous fourniront bien d'autres informations précieuses.

ANALYSER LE PRINCIPE

Un responsable est amené à prendre de petites comme de grandes décisions. Arriver, en toutes circonstances, à prendre la bonne décision est un idéal qui vaut bien les efforts qu'il requiert.

QU'EST-CE QU'UNE DÉCISION ?

Une décision est un jugement ou un choix entre deux solutions, qui s'impose dans de multiples situations, qu'il s'agisse de résoudre un problème ou d'appliquer un plan d'action. Par définition, les responsables de personnel sont des décideurs.

1 Avant de prendre une décision, examinez soigneusement toutes les alternatives.

2 Si des décisions antérieures vous semblent toujours d'actualité, appliquez-les de nouveau.

QU'EST-CE QU'UN DÉCIDEUR ?

Un décideur est celui qui choisit (prend une décision) entre plusieurs alternatives possibles. Une décision peut se prendre en un clin d'œil mais, dans la plupart des cas, le décideur doit engager un processus impliquant une série d'étapes : identification, analyse, évaluation, choix, planification. Pour aboutir à une décision, un responsable doit déterminer ses objectifs, établir la liste des possibilités offertes et traduire son choix en actions. Les décisions et le processus qui les engendre sont fondamentaux pour les principes de gestion comme pour la vie au quotidien.

CLASSER LES DÉCISIONS EN CATÉGORIES

Un responsable doit prendre des décisions de toutes sortes : de routine ou d'urgence, stratégiques ou opérationnelles. Les décisions de routine sont les plus nombreuses. Les décisions rapides, prises à mesure où les événements se produisent dans une situation ponctuelle, sont des décisions d'urgence. celles qui accaparent la majeure partie du temps d'un responsable. Les décisions les plus dures à prendre sont les décisions stratégiques qui consistent à déterminer des buts et des objectifs et à les convertir en plans d'action précis ou en décisions moins critiques. Quant aux décisions opérationnelles, surtout celles liées à des « facteurs humains » (y compris embauches et licenciements), elles requièrent énormément de diplomatie

3 Prenez les décisions à long terme avec le court terme présent à l'esprit.

4 Changez les décisions qui ne sont plus d'actualité.

▼ PRENDRE UNE DÉCISION PAR CONSENSUS

Discuter un problème avec des collègues est souvent la meilleure façon de prendre une décision. La mise en commun d'idées est souvent source de solutions inespérées.

Une collègue contribue au processus créatif.

Le responsable expose les alternatives offertes.

Un collègue observe attentivement les débats.

DÉCOMPOSER LE PROCESSUS

Une décision découle d'un processus de raisonnement méthodique. Identifiez d'abord précisément le problème à régler, puis fixez des objectifs et classez-les par ordre de priorité. Ensuite, examinez la situation pour écarter les solutions impossibles ou difficiles à réaliser et ne conserver qu'un petit nombre de solutions réalistes qui méritent une analyse approfondie. À ce stade, vous pouvez solliciter l'avis de tierces personnes sur la question... Évaluez soigneusement les avantages et les inconvénients de chaque plan d'action envisageable compte tenu de l'objectif ultime visé. Enfin, élaborez un plan de mise en application de la décision.

5 Évaluez les incidences de chaque décision ; elles peuvent être énormes.

6 Essayez d'anticiper les changements de situation et de vous y préparer.

ANALYSER LE PROCESSUS DE DÉCISION

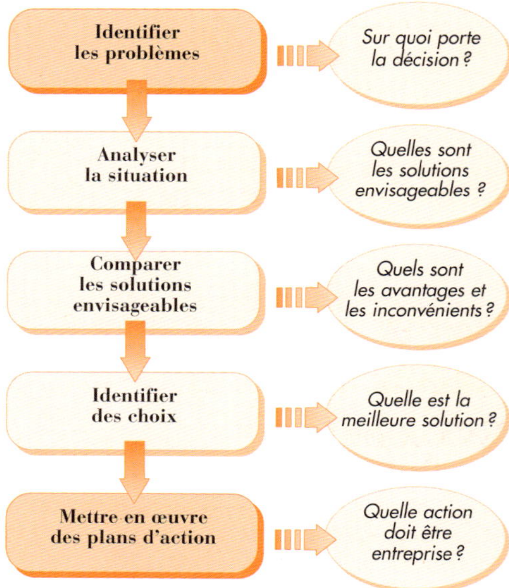

COMPARER LES SOLUTIONS

La plupart des décisions portent sur la résolution d'un problème, et les responsables trouvent leurs réponses de manières diverses. Par exemple, une réponse évidente (compte tenu de faits et de chiffres), une intuition (fondée sur leur expérience), une solution à tester (réellement ou par simulation), une solution valable à court terme mais pas à long terme (tel investir pour libérer un goulet d'étranglement dans une usine), ou une solution qui paraît appropriée mais qui n'est pas clairement définie (tel commercialiser un nouveau produit et observer si certains paramètres du marché varient).

7 En prenant une décision, envisagez les problèmes possibles.

MESURER LES RISQUES

Toute décision comporte une part de risque plus ou moins importante. Parfois, des solutions théoriques s'offrent à vous, mais leurs inconvénients sont tels que vous n'avez pas vraiment de choix. Une mauvaise décision antérieure peut générer ce type de situation. Prenez le temps d'envisager toutes les situations qui s'offrent à vous, et surtout de peser les avantages et les inconvénients. Ce qui peut paraître intéressant à court terme peut se révéler dangereux à long terme, et vice-versa. Le temps passé à étudier toutes les possibilités et leurs incidences, s'il vous guide vers la meilleure solution, n'est pas du temps perdu.

ÉVALUER LES SOLUTIONS POSSIBLES

Vous pouvez parfois réduire les risques liés à une décision en testant ses effets soit dans la réalité soit par simulation. Par exemple, si la commercialisation d'un nouveau produit est problématique (il n'atteint pas les objectifs de vente fixés et perd de l'argent), vous pouvez simuler des solutions, et leurs probables bénéfices, telles que :

- Cesser immédiatement la fabrication du produit pour éviter d'autres pertes financières ;
- Poursuivre la même stratégie de commercialisation du produit, mais en lui redonnant une nouvelle vitalité ;
- Nommer une équipe chargée de réviser la campagne de commercialisation du produit ;
- Revoir la conception du produit et lancer une nouvelle campagne qui reprend tout de zéro ;
- Vendre le produit à une autre société et développer un nouveau produit.

Ici, revoir la conception du produit et relancer sa commercialisation était la solution idéale car elle ouvrait de meilleures perspectives à long terme avec des coûts acceptables à court terme.

QUESTIONS À SE POSER

Q Quels sont nos objectifs à court et à long terme ?

Q Ce produit/service/concept sera-t-il source de bénéfices ?

Q Quels efforts exige la commercialisation de ce produit ?

Q Devons-nous recruter ?

Q Que se passera-t-il si la tendance du marché change ?

Q Comment affronterons-nous les scénarios défavorables ?

8 Lorsque vous prenez une décision, pensez toujours à toutes les répercussions possibles.

IDENTIFIER LES TYPES DE PRISE DE DÉCISION

Chacun a sa méthode pour prendre une décision, mais que vous soyez du genre logique ou créatif, trouvez-en une rationnelle et directe. Un bon décideur ne se laisse jamais guider par ses sentiments lorsqu'il analyse une situation en vue de prendre la bonne décision appropriée.

9 Essayez toujours d'équilibrer intuition et logique.

10 Évaluez vos aptitudes de décideur et efforcez-vous de les développer.

UTILISER L'INTUITION ET LA LOGIQUE

Il semblerait qu'une partie du cerveau est dédiée à l'émotion, à l'imagination, à l'intuition et à la créativité, tandis que l'autre est réservée à la logique, au langage, aux mathématiques et à l'analyse. Même si l'une des tendances prédomine généralement chez un individu, on ne peut pas dire qu'il y ait, d'une part, les décideurs intuitifs s'appuyant sur la créativité et la spontanéité, et d'autre part, les décideurs logiques s'appuyant sur le rationnel et les faits. Quelle que soit votre tendance, équilibrez toujours les deux modes de pensée.

DÉTERMINER SON MODE DE PENSÉE
Que l'intuitif ou le rationnel prédomine chez vous, combinez les deux pour trouver un équilibre.

POINTS À RETENIR

- Le processus de décision implique de disposer d'informations précises et détaillées.
- Des méthodes systématiques de prise de décision peuvent épauler la créativité.
- Toutes les objections doivent être sérieusement analysées.
- Un risque acceptable et bien pesé est toujours préférable à des chances hypothétiques.
- Mieux vaut bien réfléchir que de conclure hâtivement.

PRENDRE DES RISQUES

Les risques ne sont pas uniquement le fait des intuitifs. Toute décision dont l'issue est incertaine présente des risques, et même les plus logiques ne sont pas à l'abri. Seule l'approche intellectuelle diffère ; les intuitifs misent sur une solution dont ils sont certains, alors que les autres la trouvent hasardeuse, tandis que les logiques examinent toutes les possibilités avant de choisir celle qui leur semble la meilleure. Dans les deux cas, essayez de réduire les risques.

ÊTRE MÉTHODIQUE

Quelle que soit votre méthode pour décider, soyez méthodique. Vous aurez ainsi la garantie de n'oublier aucun élément : collecte de toutes les informations requises, analyse détaillée et comparaison de toutes les solutions offertes, identification de leurs difficultés et de leur degré de faisabilité, et prise en compte de toutes leurs conséquences. Cette approche méthodique vous permettra d'élaborer un plan d'action logique et efficace, et d'expliquer clairement à tous vos collègues et clients concernés ce qui a motivé votre décision.

11 Évitez les décisions trop tributaires de la chance.

12 Ne reprenez une décision antérieure que si elle s'avère appropriée, pas systématiquement.

RÉVISER LES EXPÉRIENCES PASSÉES

Tout le monde a tendance à renouveler ce qui lui a réussi, ce qui donne souvent de bons résultats puisque l'on se perfectionne à force de répétition. Mais les besoins évoluent et une décision idéale par le passé peut se révéler caduque ou inadéquate aujourd'hui. Pour éviter les erreurs, le mieux est de considérer que chaque décision n'a pas de précédents. Que déciderait un nouveau venu ? Si, vu sous cet angle, vous sentez que ce serait une erreur de renouveler une décision antérieure, il est temps d'innover.

BIEN CONNAÎTRE SA CULTURE D'ENTREPRISE

La culture d'entreprise est l'ingrédient de base du processus de prise de décision. Elle détermine les solutions et les alternatives envisageables lorsqu'une décision est à prendre. Renseignez-vous sur ce qui est admis et ce qui est à proscrire

13 Défiez la culture de votre entreprise si c'est la condition pour prendre de bonnes décisions.

14 Veillez à être connu pour vos bonnes idées, créatrices et innovantes.

ANALYSER LES DIFFÉRENTS STYLES DE CULTURE D'ENTREPRISE

Les décisions sont influencées, et influencent, l'environnement d'entreprise. Si votre entreprise est autoritaire et conformiste, il y règne probablement une certaine bureaucratie qui entrave vos possibilités de décisions dynamiques. En revanche, si elle est innovante et progressiste, vous devrez être plus aventureux et faire preuve d'initiative. Dans les entreprises qui oscillent entre peur du risque et ambition, essayez de déceler la tendance du moment et agissez en conséquence.

VAINCRE LES RÉSISTANCES

Un décideur talentueux sait manipuler le système en fonction des circonstances. Sachez, par exemple, inciter une entreprise habituellement casse-cou à modérer ses ambitions lorsqu'elles surpassent ses possibilités et en pousser doucement une autre, moins téméraire, à se lancer dans des actions sans précédent pour rester dans la course face à la concurrence. Dans les deux cas, identifiez les détenteurs de pouvoir et d'influence et concluez de solides alliances avec les mieux placés pour éliminer les obstacles qui pourraient se dresser sur votre chemin.

15 Pour prendre une décision, associez raison et intuition.

16 Soyez conscient des aspects politiques d'une décision.

17 Évaluez toujours les répercussions de vos décisions sur vos collègues.

◀ ENCOURAGER LA CRÉATIVITÉ
Égalité et esprit d'équipe, tous niveaux hiérarchiques confondus, favorisent la créativité et créent le climat de confiance nécessaire aux individus pour développer leur capacité d'initiative.

QUELLE EST LA CULTURE DOMINANTE DANS VOTRE ENTREPRISE ?

Pour déterminer si votre entreprise est timorée ou audacieuse, ou les deux (parfois trop prudente et d'autres fois trop confiante), repérez ci-dessous les assertions qui lui correspondent le mieux.

TIMORÉE

- Les nouvelles idées sont souvent écartées.
- Les besoins externes ne sont pas toujours un facteur déterminant pour l'entreprise.
- L'entreprise s'attache essentiellement à résoudre les problèmes.
- Stabilité et expérience sont les principales valeurs de l'entreprise.
- La réussite de l'entreprise passe avant celle des individus.
- Commande et contrôle semblent être les processus dominants.
- Il est presque impossible de modifier la mentalité de l'entreprise.

Si vous êtes d'accord avec la plupart des affirmations ci-dessus, votre entreprise n'aime vraiment pas les risques. Elle n'est pas très favorable aux décisions qui reposent sur de nouvelles idées et technologies.

AUDACIEUSE

- Les idées nouvelles et créatrices sont les bienvenues.
- Les besoins du client sont un facteur déterminant pour l'entreprise.
- L'entreprise s'efforce de profiter des occasions qui lui sont offertes.
- Motivation et initiative sont deux des principales valeurs de l'entreprise.
- Les objectifs de l'entreprise et des individus sont étroitement liés.
- Chaque employé est relativement autonome et peut faire preuve d'initiative.
- Les mentalités et les stratégies évoluent en fonction des circonstances.

Si vous êtes d'accord avec la plupart des affirmations ci-dessus, votre entreprise est tournée vers l'avenir, n'a pas peur du changement et prend volontiers des décisions audacieuses sources de succès.

ÉVALUER SES RESPONSABILITÉS

Les décisions prises dans les hautes sphères hiérarchiques, et qui descendent en cascade sur les niveaux inférieurs, impliquent de déléguer des tâches. Déterminez les décisions qui vous reviennent et celles à déléguer. Les bons décideurs savent partager leurs responsabilités.

18 Évitez de materner à l'excès une décision que vous avez déléguée.

19 Lorsque vous refusez une décision que vous avez déléguée, donnez-en toujours les motifs.

DÉCIDER SOI-MÊME

Déterminez les décisions qui sont de votre ressort et celles que vous pouvez déléguer. Si vous ne trouvez pas de décision à déléguer, peut-être évaluez-vous mal la situation, ou avez-vous un problème au niveau du recrutement ou de la formation du personnel. Déterminez dans quels domaines votre intervention est impérative. Réservez-vous les décisions à prendre dans ces domaines et déléguez les autres. Se réserver une décision n'implique pas de garder le monopole de la prise de décision ; tout le monde peut contribuer au débat même si c'est vous qui prenez la décision finale.

DÉLÉGUER DES DÉCISIONS

Les décisions que vous déléguez restant sous votre entière responsabilité, supervisez le processus, notamment dans les secteurs sensibles. Votre position de superviseur vous permet de guider et de surveiller les personnes que vous chargez de prendre une décision. Aidez-les à prendre de l'assurance, maintenez le dialogue ouvert et encouragez l'esprit d'initiative. N'annulez pas une délégation, sauf cas impératif. Avant de rejeter une décision, discutez tous ses aspects avec la personne qui la propose.

20 Prenez confiance en la capacité des autres à décider.

DÉLÉGUER LES DÉCISIONS VERS LE BAS

En terme de responsabilités, il est évident que les décisions doivent être prises par les personnes directement concernées. Les informations recueillies auprès des principaux intéressés seront certainement plus fiables et précises. Les personnes concernées par une décision doivent y participer. Remettre les décisions entre les mains des instances hiérarchiques supérieures demande du temps, et plus les strates sont nombreuses, plus les délais sont longs. Une délégation vers le bas est plus rapide et efficace. Les personnes auxquelles vous déléguez des décisions nécessiteront peut-être un peu de surveillance au départ, mais elles sauront vite assumer leurs responsabilités.

DÉLÉGUER LES RESPONSABILITÉS VERS LE BAS

LAISSER LES GENS DÉCIDER ▶

Dans cette étude de cas, une équipe est sollicitée pour prendre une décision. Elle enclenche une action, puis applique sa décision. Mais l'intervention négative de certaines personnes rend la situation impossible. Un nouvel accord pour appliquer ses décisions mène l'équipe au succès escompté.

ÉTUDE DE CAS

Robert, responsable d'un département d'ingénierie, envoie une équipe de fabrication chez des concurrents pour voir comment améliorer leurs méthodes de travail. L'équipe revient enthousiasmée par plusieurs innovations possibles et obtient l'accord de déterminer les changements requis pour améliorer la productivité et de les appliquer.

Les performances chutent immédiatement, et une enquête révèle que des anciens, responsables de fabrication et ingénieurs, sont allés dénigrer les décisions de l'équipe auprès du personnel.
Révolté, Robert interdit désormais toute interférence dans cette opération. L'équipe est autorisée à appliquer ses décisions d'origine, et la productivité amorce une remontée pour atteindre bientôt le niveau espéré.

SAVOIR DÉCIDER

L'une des qualités essentielles d'un responsable est de savoir prendre au moment opportun des décisions nettes et précises, et dont le type varie selon les circonstances. Sachez quelles sont les implications de chaque type de décision.

21 Essayez de ne jamais prendre de décision dans l'urgence.

ÊTRE POSITIF

Une mesure décisive n'est pas obligatoirement une décision prise sur l'impulsion du moment. C'est parfois une nécessité en cas d'urgence, et occasionnellement souhaitable pour d'autres motifs (lorsque la bonne décision est évidente, par exemple), mais ici, « décisive » signifie « positive ». Un responsable digne de ce nom doit assumer avec confiance ses prises de décision, savoir ce qui doit être pris en compte et connaître parfaitement le processus de prise de décision. Pour être performant, sachez quel type de décision vous avez à prendre et n'ayez pas peur, au besoin, d'annuler une décision.

Le décideur évalue toutes les possibilités.

▲ **PRENDRE SON TEMPS**
Ne prenez pas de décision immédiate, sauf si elle est évidente. Étudiez toutes les possibilités offertes et pesez bien le pour et le contre.

22 Lorsqu'une décision rate ses objectifs, réagissez immédiatement.

23 Les décisions importantes ne peuvent pas attendre, prenez-les vite.

SE DÉCIDER RAPIDEMENT

Il est important de savoir déterminer si une décision doit être prise immédiatement ou si elle peut attendre. Par exemple, lorsqu'un bon client demande un rabais immédiat, vous devez décider sur le champ si vous acceptez, pour conserver le marché et préserver vos bonnes relations avec ce client. En revanche, lorsque vous prévoyez une réduction de prix de votre initiative, vous pouvez décider de son entrée en vigueur. Les bons décideurs savent généralement se décider très vite, mais ils savent aussi mesurer les conséquences à long terme de leurs décisions.

TYPES DE DÉCISION

CARACTÉRISTIQUES	IMPLICATIONS
IRRÉVERSIBLE Décision impossible à annuler, telle la signature d'un accord de vente ou d'achat d'une entreprise.	• Engage de manière irréversible lorsque aucune alternative satisfaisante ne s'offre à vous. • Ne doit jamais être une échappatoire à un climat général d'indécision.
RÉVERSIBLE Décision pouvant être entièrement révisée, avant, pendant ou après le début de la négociation.	• Permet de rectifier une erreur en début de processus au lieu de la laisser perdurer. • Utile si la situation évolue et qu'il faille faire machine arrière.
EXPÉRIMENTAL Décision non validée avant un premier retour de résultats, et sous réserve qu'ils soient satisfaisants.	• Nécessite un retour positif pour lancer un plan d'action. • Utile et efficace lorsque l'orientation globale est claire mais que les options ne sont pas bien définies.
ESSAI-ERREUR Décision prise sachant que les plans d'action se modifieront à mesure de l'évolution de la situation.	• Permet d'adapter et d'ajuster les plans d'action avant tout engagement total et définitif. • Tenez compte des retours d'informations positifs et négatifs avant de décider d'un plan d'action.
PAR ÉTAPES Suite de décisions prises à la fin de chaque étape d'un plan initial mis en œuvre.	• Permet d'évaluer les risques d'après les conséquences et les obstacles révélés à chaque étape. • Permet un retour d'informations et une discussion avant la mise en application de la décision.
PRUDENTE Décisions tributaires des problèmes pouvant se présenter ultérieurement. Les décideurs se couvrent.	• Limite les risques inhérents à une prise de décision, mais peut également en réduire les bénéfices. • Permet de modérer les projets qui, d'emblée, semblent trop risqués.
CONDITIONNELLE Décision sujette à révision en cas d'imprévu. Décision de type « soit/ou » avec options ouvertes.	• Permet de réagir si la concurrence change de stratégie ou si le plan prévu se modifie radicalement. • Permet de réagir rapidement sur le marché en perpétuelle mouvance de la concurrence actuelle.
REPORTÉE Décision laissée en suspens. Une fois tous les facteurs requis bien en place, le feu vert est donné.	• Évite de prendre une décision à un mauvais moment ou avant de détenir toutes les informations requises. • Risque de rater une occasion sur un marché où il faut agir vite.

PRENDRE UNE DÉCISION

Maîtriser les processus et les méthodes liées aux prises de décision contribue largement à développer l'efficacité et les compétences d'un responsable.

IDENTIFIER LES PROBLÈMES

Il est essentiel de cerner correctement les problèmes. Avant de prendre une décision, identifiez et définissez clairement le problème et sa portée. Cela implique aussi de recenser les personnes mises en cause pour cette décision et pourquoi.

24 Pour de meilleurs résultats, analysez sous différents angles divers types de décision.

25 Si vous n'arrivez pas à vous décider, analysez le problème sous un autre angle.

COMPRENDRE LA NÉCESSITÉ D'UNE DÉCISION

La plupart des décisions découlent de l'une des quatre situations ci-dessous, qui requièrent chacune un type différent de décision :

- Perturbations – Règlement des problèmes, des urgences et des crises.
- Occasions – Quelles occasions exploiter, et comment.
- Affectation de ressources – Répartition des ressources financières, humaines et matérielles.
- Négociations – Décisions pour l'entreprise ou des individus.

QUESTIONS À SE POSER

Q Ai-je analysé tous les problèmes liés au scénario ?

Q Ai-je objectivement analysé la problématique ?

Q Ai-je une approche rationnelle ou émotionnelle ?

Q Mes décisions sont-elles adaptées à chacun des problèmes ?

Q Ai-je identifié des problèmes récurrents ?

S'ATTAQUER AUX PROBLÈMES DANS LEUR ENSEMBLE

Les décisions qui ne tiennent compte que d'un aspect des problèmes ne résolvent généralement rien. Toute décision se répercute sur un ou plusieurs éléments d'un système global ; il faut donc savoir envisager les choses dans un contexte général. Déterminez si le problème est isolé ou s'il touche l'ensemble de l'entreprise. Fouillez pour trouver les motifs profonds de la décision à prendre. Vous pourrez ainsi mieux cerner ses limites et d'obtenir de meilleurs résultats.

CONSULTER L'ENTOURAGE

En tant que décideur, vous devez non seulement identifier les problèmes mais également les individus impliqués. Dressez la liste de toutes les personnes réellement concernées par la décision, tels les membres de la direction à même de prendre cette décision, et les départements, clients et fournisseurs affectés par la décision. Déterminez ceux à consulter pour vous assurer leur soutien et leur bonne volonté. Une fois votre décision prise, vérifiez que toutes les personnes de la liste, même celles que vous n'avez pas consultées, en sont averties et en comprennent les raisons.

26 Pensez aux personnes sur lesquelles votre décision aura des répercussions.

▼ INFORMER SES COLLÈGUES

Une décision prise dans un secteur d'une entreprise a des répercussions sur d'autres secteurs de l'entreprise. Préservez la collaboration entre départements en les informant de vos décisions.

SE FIXER DES DÉLAIS

Prendre une bonne décision demande du temps, mais n'oubliez pas que la qualité de réflexion et d'exécution prévalent sur le temps. Décidez-vous sans hâte mais ne tardez pas outre mesure. Une fois toutes les informations nécessaires recueillies et tous les problèmes parfaitement analysés, prenez une décision. Ne différez l'échéance que si vous avez besoin d'informations supplémentaires importantes ou si une modification de la situation implique de réévaluer les problèmes. En fait, le manque de temps est parfois bénéfique, car cela concentre la réflexion, exclut toute possibilité de différer et réduit le nombre de solutions pouvant être envisagées.

27 Dès qu'une décision semble évidente, ne différez plus.

28 Ne prenez jamais une décision importante rapidement, juste pour satisfaire votre entourage.

▼ **ANALYSE DE PARETO**
Appliquée à l'analyse des problèmes, la loi de Pareto part du principe que 80 % d'un problème résultent de 20 % des facteurs impliqués (A), donc que 80 % des facteurs impliqués ne représentent que 20 % du problème (B).

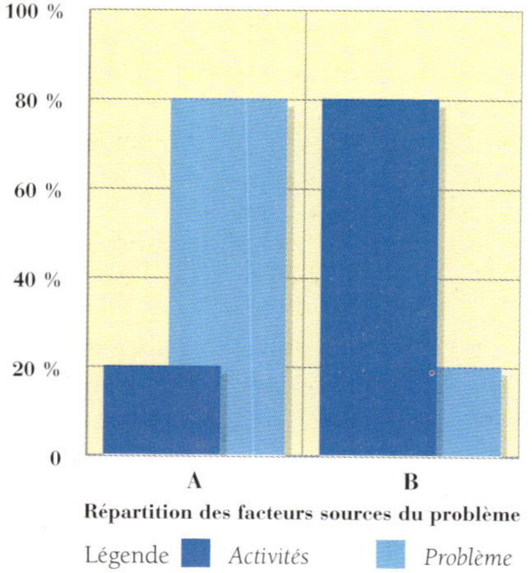

AFFECTER DES PRIORITÉS AUX FACTEURS

Lorsque vous avez une décision à prendre, classez les facteurs considérés par ordre d'importance. Le bon sens dicte déjà certaines priorités que l'analyse confirme. En fait, 80 % des résultats découlent de seulement 20 % des facteurs. C'est ce que l'on nomme la loi de Pareto, c'est-à-dire la règle des 20 %/80 % ou principe de la « minorité critique et de la majorité accessoire ». Lorsque vous devez prendre une décision, servez-vous de cette loi pour classer vos priorités ; la loi de Pareto se concentre sur les 20 % les plus significatifs et n'accorde qu'une faible priorité aux autres 80 %. Avant de prendre une décision, classez les facteurs déterminants par catégories. Affectez-leur un niveau de priorité et accordez-leur temps et énergie en fonction pour ne pas traiter trop vite les facteurs essentiels et accorder trop de temps aux plus insignifiants.

RÉFLÉCHIR DE MANIÈRE STRATÉGIQUE

Avant de prendre une décision stratégique, essayez de comprendre parfaitement la situation. Prenez des renseignements sur le contexte global, les performances, les besoins externes, les causes réelles des écarts de performances et le coût d'inactivité. Cette « étude économique » en cinq points s'applique aussi bien à une multinationale qu'à une petite entreprise. Les questions à se poser sont les suivantes :

- Quelle est la situation du marché et quels événements jouent contre nous ?
- Où et pourquoi nos performances sont-elles inférieures à celles de nos concurrents ?
- En quoi ne satisfaisons-nous pas nos clients ?
- À quoi sont dues nos faibles performances ?
- Quels sont les résultats négatifs à prévoir si nous n'agissons pas immédiatement ?

29 Lorsque vous fixez vos objectifs, soyez optimiste, mais réaliste.

30 Soyez honnête et objectif dans l'analyse de la situation actuelle.

▼ IDENTIFIER LES PROBLÈMES

La première étape d'un plan stratégique consiste à identifier les points positifs d'une situation négative. Une fois tous les points faibles identifiés et analysés, vous pourrez prendre les décisions qui s'imposent pour conduire votre entreprise à la position souhaitée.

VISER UNE POSITION À ATTEINDRE

Dans l'idéal, vous déterminez la position que vous souhaitez que votre entreprise atteigne, puis vous prenez les mesures qui s'imposent pour y arriver. Identifier vos lacunes, remettez-les dans le contexte, puis identifiez les actions à entreprendre pour combler le fossé. Vous pouvez notamment :

- Améliorer vos performances ;
- Répondre aux besoins des clients ;
- Remédier aux causes des faibles performances ;
- Transformer une menace de résultats négatifs en bénéfices importants.

Toutes ces actions requièrent d'autres décisions sous-jacentes à la décision globale pour arriver à l'excellence.

Identifier le problème → **Déterminer votre position** → **Décider de la position à atteindre**

DÉTERMINER QUI IMPLIQUER DANS UNE DÉCISION

En tant que décideur, vous devez déterminer les personnes à impliquer dans votre décision et comment. Vous pouvez n'impliquer personne et décider seul, ou impliquer toute une équipe à trouver un consensus pour prendre la décision.

31 Impliquez dans votre prise de décision autant de personnes que vous jugez nécessaires.

POINTS À RETENIR

- Supérieurs comme subordonnés aiment exprimer leur point de vue.
- Nous appliquons plus volontiers les décisions auxquelles nous avons contribué.
- Les décisions collectives prennent du temps.
- Avant d'enclencher un processus de prise de décision, définissez clairement le rôle de vos supérieurs.

FAIRE APPEL À DES SPÉCIALISTES

Les arguments en faveur des décisions collectives sont légion. Le proverbe « Deux têtes valent mieux qu'une » est pertinent, même si la maxime « Trop de cuisiniers gâtent la soupe » le contredit. Toutefois, les compétences et l'expérience de spécialistes sont le plus souvent les bienvenues. Par exemple, une décision portant sur des systèmes informatiques requiert les compétences d'un spécialiste du domaine, si possible complétées de l'expérience d'une personne ayant déjà rencontré des problèmes similaires. Une fois les arguments des experts et des personnes d'expérience évalués, le décideur doit imposer son autorité pour prendre les décisions finales.

ÉTUDE DE CAS

Une responsable voulait remédier à un goulet d'étranglement en fabrication par une réorganisation d'un de ses départements. Après mûre réflexion sur les personnes à impliquer dans le processus, elle décide de faire appel à des consultants externes spécialistes des réorganisations. Elle consulte aussi deux de ses collègues, Élisabeth, qui travaille depuis longtemps dans le département, et Martin, qui a déjà fait ses preuves avec des équipes de changement et dont l'autorité est reconnue. La responsable s'assure également de la coopération des membres de son équipe en les impliquant dans un groupe de planification.

Grâce aux conseils et aux propositions d'Élisabeth qui connaît parfaitement le projet, à l'expérience de Martin dans la planification du projet et à la contribution de l'équipe, combinés aux compétences des consultants externes, cette réorganisation a été un franc succès.

◄ CHOISIR SOIGNEUSEMENT

Cette méthode s'est révélée fructueuse car, même si la responsable s'est réservé la décision finale, elle s'est appuyée sur des experts externes et des collègues expérimentés.

FAIRE APPROUVER DES DÉCISIONS

Si vous n'avez pas plein pouvoir de décision, consultez les personnes ayant cette autorité, pour obtenir leur accord, mais aussi pour profiter de leurs conseils et des informations qu'elles détiennent. Vous avez toujours intérêt à faire approuver vos décisions et plans d'action par vos supérieurs, même si vous n'avez pas besoin de leur accord. Ils pourront vous apporter une précieuse coopération si vous les tenez informés de la progression de vos processus de prise de décision.

32 Demandez à un critique objectif d'analyser vos décisions et de vous donner ses commentaires.

IMPLIQUER LES AUTRES DANS UNE DÉCISION

MÉTHODES	CARACTÉRISTIQUES	EMPLOI
FAIBLE INVESTISSEMENT Les décisions sont prises par la direction avec peu de consultation des autres couches hiérarchiques.	Exprimer : le responsable prend une décision sans consultation.	Lorsque le temps presse ou en cas d'urgence.
	Vendre : le responsable décide, sa décision peut être contestée.	En cas de vente forcée, quand le consensus n'est pas atteint.
	Présenter : le responsable informe de l'évolution des débats.	Quand un responsable souhaite informer ses collègues.
INVESTISSEMENT MOYEN Le responsable prend la décision finale, mais le personnel est invité à donner son avis.	Suggérer : le responsable propose des thèmes de discussion et cherche parfois à influencer les débats.	Lorsque l'avis des collègues peut contribuer de manière fructueuse à la discussion et à la prise de décision.
	Consulter : les collègues donnent leur avis avant intervention du responsable, qui se réserve la décision finale.	Quand un responsable a besoin de l'avis d'un spécialiste ou d'autres personnes pour prendre une décision.
FORT INVESTISSEMENT Le processus de décision est démocratique et tout le personnel est invité à y participer.	Demander : le responsable propose des thèmes de discussion, mais l'équipe mène les débats.	Lorsque la décision requiert l'avis et l'investissement de l'équipe.
	Participer : tout le personnel se réunit pour discuter des solutions et les décisions sont prises par consensus.	Si le succès d'un plan d'action est tributaire de la coopération du personnel.

CONSULTER EFFICACEMENT

Consulter les membres d'une équipe peut se révéler profitable sur deux plans. D'une part, les personnes consultées peuvent contribuer réellement au processus. D'autre part, une décision est toujours mieux acceptée par des personnes qui savent ce qu'elles font et pourquoi elles le font : plus on se sent investi dans un projet, plus on y travaille avec ardeur. Montrez bien que votre décision finale tient compte de l'avis et des contributions sollicités.

DIFFÉRENCES CULTURELLES

Le mode de consultation varie selon les pays. Au Japon, la consultation formelle, appelée *ringi*, est profondément ancrée dans la culture du pays. Malgré un respect inné pour les anciens, les Japonais argumentent, mais lorsqu'une décision a été prise, ils y adhèrent et la soutiennent totalement, ainsi que dans la plupart des cultures d'Asie du Sud-Est. Les Anglais et les Américains ont encore tendance à appliquer le principe « obéir aux ordres », ou dirigisme descendant, y compris dans les couches hiérarchiques supérieures, mais des méthodes plus consultatives s'instaurent peu à peu. En Europe, la consultation se pratique au niveau de la direction, mais les entreprises sont encore très hiérarchisées et les processus de prise de décision oublient souvent de consulter les couches hiérarchiques inférieures.

ÉVITER LES PIÈGES

Consulter d'autres personnes présente parfois plus d'inconvénients que d'avantages. D'une part en termes de délais : plus vous consultez de personnes, quelles que soient les compétences qu'elles peuvent vous offrir, plus la prise de décision est différée. En outre, plus vous consultez de personnes, plus vous risquez la confusion en cas de controverses. D'autre part, multiplier les interventions risque de vous ôter le contrôle du processus de décision. Pour déjouer ces pièges, veillez à garder le contrôle total du processus et limitez le nombre d'intervenants au strict nécessaire. Lorsque vous impliquez d'autres personnes dans une décision, exposez clairement la situation, sans rien omettre. La rétention d'informations est la porte ouverte aux rumeurs dont les conséquences sont désastreuses pour le moral du personnel. Une consultation de pure forme, ou partiale, est vouée à l'échec.

33 Si vous demandez des conseils, soyez prêt à les accepter.

34 Pour de meilleurs résultats, encouragez la participation aux prises de décision.

ÉCOUTER LES AUTRES

Un responsable qui revient sur une décision, suite à des objections émises lors d'une réunion, fait preuve de force et non de faiblesse. Écouter ne signifie pas seulement entendre les mots prononcés, mais aussi les comprendre ainsi que leur sens caché. Vous ne souhaitez certainement pas que vos décisions soient bêtement acceptées. Encouragez les personnes consultées à exprimer franchement leur opinion et veillez à élargir suffisamment votre réflexion d'un échantillon d'avis et d'impressions. Maintenez la consultation et le retour d'informations constamment ouverts, et utilisez tous les moyens possibles pour y parvenir, des réunions d'équipe aux boîtes à idées. Vos décisions seront ainsi le reflet d'une réelle compréhension des autres. Rappelez-vous que la consultation ne signifie pas débats interminables et sachez les limiter.

QUESTIONS À SE POSER

Q Est-ce que j'exprime mon point de vue le plus rationnellement et le plus clair possible ?

Q Est-ce que je change d'avis pour de bonnes raisons ou influencé par de belles paroles ?

Q Ai-je déjà refusé des avis ?

Q Est-ce que je sais vraiment écouter et comprendre ?

Q Est-ce que je laisse mes collègues s'exprimer ?

SOLLICITER L'OPINION DES AUTRES DE MANIÈRE INFORMELLE ▼

Pour bien comprendre le point de vue de vos collègues, vous devez développer avec eux des relations solides et ouvertes. Prenez le temps de discuter avec eux de manière informelle et détendue, hors du bureau, de divers sujets. Vous obtiendrez ainsi des avis honnêtes et fructueux.

Le langage du corps ouvert prouve que les collègues se sentent bien ensemble.

Assurez à vos collègues que vous leur parlez en toute confiance.

UTILISER DES MÉTHODES ANALYTIQUES

Pour prendre une bonne décision, vous devez analyser tous les faits qui s'y rapportent. Vous disposez aujourd'hui de nombreux outils d'analyse très efficaces et faciles d'emploi. Utilisez-les pour étayer de solides conclusions et prendre les décisions stratégiques qui s'imposent.

35 Analysez une décision sous tous les angles possibles.

36 Essayez de connaître vos trois principaux concurrents aussi bien que votre propre entreprise.

ÉVALUER SON SWOT

Le SWOT (de l'anglais *Strengths, Weaknesses, Opportunities* et *Threats*, c'est-à-dire forces, faiblesses, occasions, menaces) est une méthode d'analyse qui permet d'évaluer une position sur le marché. Le SWOT de votre entreprise est déterminant pour ses futures décisions stratégiques. Sous chaque mot clé, répertoriez de manière réaliste et honnête vos informations. Vous pourriez faire des découvertes intéressantes et vous rendre compte que votre entreprise a autant de faiblesses que de forces. Après avoir analysé le SWOT de votre entreprise, analysez celui de vos concurrents.

L'ANALYSE SWOT▼

Ce tableau répertorie les questions essentielles à se poser. En identifiant les forces (Strengths) *et les occasions* (Opportunities) *de votre entreprise et en décelant ses faiblesses* (Weaknesses) *et ses menaces* (Threats) *vous développerez des stratégies plus efficaces.*

COMPRENDRE LE SWOT DE VOTRE ENTREPRISE

FORCES
Quelles sont les compétences de l'entreprise ? Quel est son domaine d'excellence ?

OCCASIONS
L'entreprise peut-elle augmenter ses ventes ou trouver de nouveaux débouchés, produits et/ou services ?

FAIBLESSES
L'entreprise manque-t-elle de ressources ou de compétences vitales ? Est-ce préjudiciable face à la concurrence ?

MENACES
L'entreprise risque-t-elle de voir ses produits ou sa technologie dépassés par la concurrence ? Perd-elle des parts de marché ?

RAPPROCHER PRIX ET QUALITÉ

Positionner un produit sur le marché est la principale décision à prendre. Servez-vous d'une matrice prix/qualité pour mettre le prix en relation avec la qualité. Si votre but final est prix élevé/qualité élevée, vous pouvez passer par le tremplin prix moyen/qualité moyenne pour y arriver. Si l'analyse prouve que vous pouvez compenser une faible marge bénéficiaire par une augmentation des parts de marché, vous serez gagnant même en vendant des produits de haute qualité à prix moyen, voire faible.

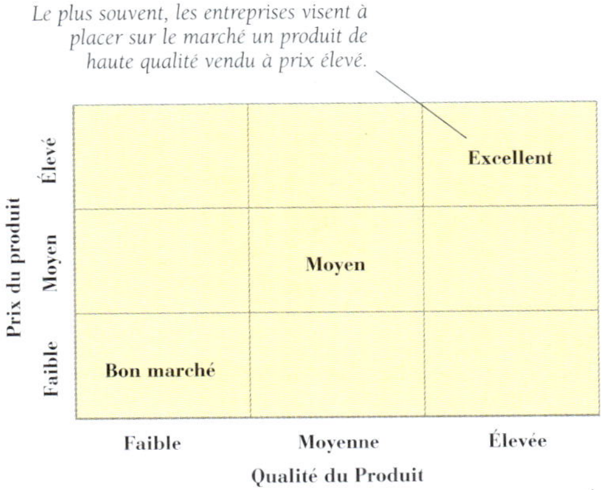

▲ **UTILISER UNE MATRICE PRIX/QUALITÉ**
La matrice ci-dessus montre qu'une augmentation de la qualité d'un produit peut s'accompagner d'une augmentation de son prix afin d'augmenter sa marge bénéficiaire. Cette matrice propose neuf solutions pour positionner un produit sur le marché.

COMBINER LES ANALYSES

Pour bien cerner une situation, il est souvent nécessaire de combiner une analyse spécifique à d'autres types d'approches. Une bonne analyse garantit une parfaite compréhension de la problématique en jeu et une totale sécurité pour prendre des décisions vraiment bénéfiques. Combiner divers types d'analyse est une manière de renforcer l'analyse, et plus elle a de forces, plus la bonne décision semble évidente et plus vous avez de chances d'arriver à des résultats concluants. Par exemple, vous pouvez combiner une matrice prix/qualité et une étude sur l'évolution des parts totales de marché et de la part de marché relative. La part de marché relative est le pourcentage de ventes de vos trois principaux concurrents par rapport au total des ventes sur le marché. Le chiffre idéal est de 100 % ou plus – s'il est inférieur, vous ne devez pas baisser le prix de vos produits de haute qualité car vous ne détenez pas suffisamment de parts de marché.

DIFFÉRENCES CULTURELLES

La « paralysie par analyse » touche les entreprises qui font tellement confiance à l'analyse qu'elles en arrivent à ne plus pouvoir prendre de décisions. C'est un phénomène courant dans les entreprises américaines, souvent obsédées par les chiffres. À l'opposé, les Britanniques ont tendance à négliger le minimum d'analyses nécessaires, tandis que les Européens se situent entre ces deux extrêmes. Les Japonais sont des analystes scrupuleux, mais qui échappent à la paralysie car ils réagissent très vite lorsqu'une décision a été prise.

TROUVER DES IDÉES

Le processus de prise de décision a absolument besoin de nouvelles idées pour se renouveler. Lorsque vous recherchez des idées neuves, essayez d'équilibrer imagination et sens pratique. Mais vous devez avant tout inciter les autres à exprimer des idées.

37 Soyez désordonné dans l'expression des idées, mais ordonné dans leur développement.

BOUSCULER LES TRADITIONS

Lorsque vous devez prendre une décision, n'acceptez pas aveuglément la « sagesse conventionnelle » testée et estampillée. Mettez-la à l'épreuve, soyez sans pitié dans son application et gardez l'esprit ouvert quant aux alternatives. L'approche conventionnelle n'est pas une erreur, mais ne la retenez qu'après avoir exploré soigneusement et objectivement d'autres voies plus novatrices qui, au final, s'avéreront souvent bien meilleures.

38 Encouragez la pensée latérale, mais essayez de développer des idées de façon logique.

ORGANISER DES BRAINSTORMINGS

Les réunions de brainstorming ont pour objectif de favoriser l'expression de nouvelles idées. Réunissez quelques personnes (trois à huit) et demandez à chacune d'émettre des idées sur la décision à prendre. Notez-les toutes. Ne rejetez aucune idée et accordez autant de crédit à toutes. Ne prenez aucune décision au cours de cette réunion.

▲ **ENCOURAGER LA PARTICIPATION**
Les nouvelles idées aident à sortir du cadre confiné du travail. Un brainstorming permet de sortir d'une impasse, mais pour prendre votre décision vous devez appliquer des méthodes plus strictes.

GÉNÉRER DE NOUVELLES IDÉES

Choisissez les participants d'un groupe de réflexion de façon à diversifier les compétences et les expériences. Définissez clairement les problèmes et les critères d'analyse, et veillez à ce que toutes les idées émises soient enregistrées. Prévoyez un président de séance, qui canalise la réunion et favorise la pensée latérale. Lorsqu'une idée apparemment absurde est émise, il doit s'en servir pour renouveler la réflexion. Lorsque vous avez récolté suffisamment d'idées, clôturez la réunion. Sélectionnez rapidement les idées qui méritent d'être analysées. Vous pouvez ensuite réunir de nouveau les mêmes personnes pour évaluer vos analyses et vos suggestions.

39 Si votre équipe vous semble trop sage, lancez-lui des défis.

40 Incitez par des éloges les gens à s'exprimer, ne les forcez pas à le faire.

ENCOURAGER LA CRÉATIVITÉ

Un climat détendu où chacun se sent à l'aise et en sécurité favorise l'émergence de nouvelles idées. Plus les gens sont proches dans leur travail, mieux ils arrivent à se détendre et à se faire confiance
Si vous organisez une réunion pour développer une politique novatrice et créative, servez-vous de certaines des méthodes ci-après :

- Demandez à chaque participant de venir en réunion avec deux ou trois idées préparées à l'avance.
- Donnez à chacun l'occasion d'exprimer son point de vue.
- Ne bloquez pas le flux d'idées créatives par trop de rigueur ou d'affirmations.
- Veillez à ne pas laisser des interruptions ou des discussions vous écarter du sujet à traiter, mais encouragez la libre expression d'idées et d'associations créatives.
- Essayez d'inciter vos collègues à échanger des idées avant la réunion pour aider ceux qui aiment travailler seuls à développer leurs idées.
- Si le groupe semble à cours d'inspiration, émettez quelques idées afin d'orienter la discussion et de la relancer.
- Encouragez la pensée latérale parallèlement à la pensée logique afin de bousculer les idées préconçues.
- Notez les idées exprimées en les regroupant par thèmes. À ce stade, commencez à établir une courte liste des meilleures idées.
- Avant tout, ne critiquez jamais en public l'idée d'un collègue.

DÉVELOPPER LA PENSÉE CRÉATIVE

C'est une erreur de croire que la pensée créative, et par conséquent la capacité à prendre des décisions novatrices, est un don inné impossible à acquérir. Essayez de développer la qualité et l'originalité de vos idées modifiant votre mode de pensée.

41 Lors de réunions de réflexion, laissez de côté tout sentiment personnel.

ADOPTER DE NOUVELLES IDÉES

42 Incitez les gens à penser de manière atypique, ils auront des idées atypiques.

Les individus, et les entreprises, développent des modes de pensée comme ils développent d'autres habitudes. La plupart des entreprises qui refusent catégoriquement tout nouveau mode de pensée ont, en fait, peur du changement. Mais il existe des moyens pour neutraliser cette peur et faire accepter la nouveauté. Par exemple, dans les brainstormings, proscrivez les « Oui, mais… » tant que vous n'avez pas récolté et discuté un certain nombre d'idées nouvelles.

PENSER DE MANIÈRE POSITIVE

Si vous êtes prudent de nature, vous serez peu enclin à développer des idées audacieuses, mais si vous êtes très créatif, les sceptiques qui n'ont que des objections risquent de vous faire perdre patience. Ne laissez pas vos collègues s'enfermer dans une attitude qui les empêche d'écouter les autres avec l'esprit ouvert. Si vous constatez qu'une discussion devient trop négative, dites-le et demandez à chacun de contribuer aux débats de manière plus positive et créative. Vous éviterez ainsi les discussions stériles où chacun reste sur sa position et critique celle des autres.

43 Encouragez toujours l'exploration de nouveaux modes de pensée.

44 Si vous adoptez une approche par étapes, n'en sautez aucune.

DÉCIDER D'UNE ACTION

L'expert Mark Brown décrit le processus de pensée de groupe comme un modèle en cinq étapes nommé AGISA. Ce modèle commence par une analyse visant à découvrir les problèmes liés à la décision des objectifs, considérés comme des « occasions » (en blanc sur le schéma) ou des « problèmes » (en gris). Ensuite, vous cherchez des idées « conventionnelles, moyennement originales » (en bleu clair) ou « non conventionnelles, approfondies » (en bleu). La sélection (en rouge), consiste à évaluer les faiblesses des idées et à adopter. Les décisions adoptées appellent une action (en vert) pour les appliquer.

POINTS À RETENIR

- Une affirmation doit toujours être remise en question.
- Ne rejetez pas une idée sur le seul motif qu'elle est conventionnelle.
- Une idée nouvelle a autant de valeur que les autres, mais sa nouveauté n'est pas un motif suffisant pour l'adopter.

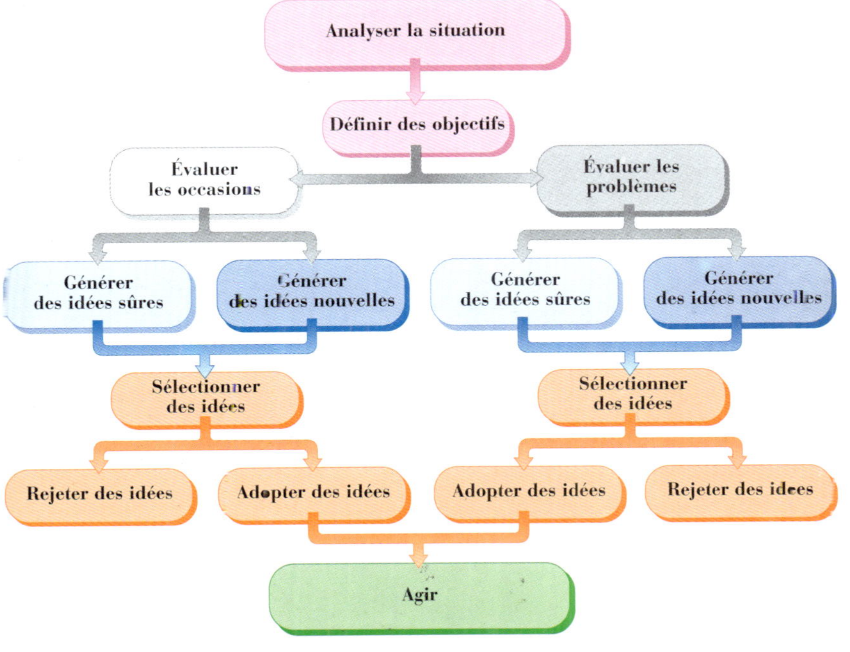

ÉVALUER LA VALIDITÉ DES IDÉES

Une fois qu'un certain nombre d'idées ont été exprimées, vous devez évaluer leur pertinence. Sur la base de critères objectifs et de méthodes rationnelles, réduisez la liste des choix possibles et gardez l'esprit large pour déterminer les idées qui méritent d'être approfondies.

45 Prenez le temps de définir des critères sur lesquels appuyer vos décisions.

46 Assurez-vous que les idées retenues peuvent contribuer à l'expansion de l'entreprise.

RÉDUIRE LE NOMBRE D'OPTIONS POSSIBLES

Lorsque vous évaluez la pertinence des idées exprimées, axez votre analyse sur les conséquences des éventuelles décisions. Faites-le en groupe de sorte que la situation soit analysée sous tous les angles. Veillez à ce que les participants s'expriment chacun à leur tour et ne laissez pas la réunion se transformer en mêlée générale.

VAINCRE L'ÉTROITESSE D'ESPRIT

Plusieurs méthodes permettent de vaincre l'étroitesse d'esprit. Vérifiez d'abord que la structure et les règles de votre entreprise ne font pas obstacle aux idées novatrices. Puis, demandez à tous de bien réfléchir avant la réunion aux idées qu'ils souhaitent proposer. Enfin, abolissez les frontières entre départements pour que chacun puisse varier ses activités et ses expériences.

▼ GARDER L'ESPRIT OUVERT
Dans cette rencontre, l'attitude défensive de l'homme assis prouve sa réticence aux idées de son interlocuteur.

RÉPERTORIER ▶ LES SOLUTIONS

Lorsque vous devez évaluer la pertinence de nouvelles idées, notez le problème à résoudre, les solutions suggérées et les conséquences probables de chacune d'elles.

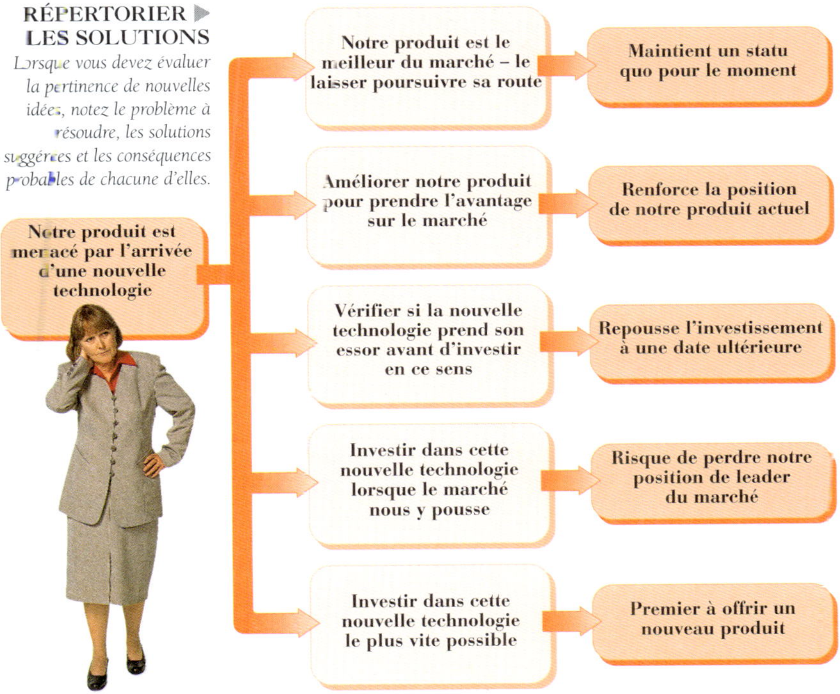

LIMITER LE NOMBRE D'IDÉES

Pour ramener une longue liste de solutions à un nombre raisonnable, la meilleure méthode consiste à fixer des critères bien définis. Une fois qu'ils sont définis, vous pouvez en toute sécurité écarter les idées qui n'y répondent pas. Si ce type de filtrage ne convient pas, par exemple, en cas de problèmes de recrutement, listez les pour et les contre de chaque solution, puis attribuez à chaque pour une note allant de 0 à +10 et à chaque contre une note comprise entre 0 et -10. Selon leur importance, vous pouvez alors écarter sans états d'âme les idées qui totalisent le moins de points.

QUESTIONS À SE POSER

Q Les solutions proposées répondent-elles aux critères ?

Q Comment s'équilibrent les avantages et les inconvénients ?

Q Quelles conséquences prévoir pour chaque solution ?

Q Ai-je sondé tous les points de vue et opinions pertinents ?

Q Quelle solution remporte le plus de suffrages ?

RASSEMBLER DES INFORMATIONS

Une fois la liste des solutions réduite à un nombre raisonnable, vous devrez lancer des recherches pour vérifier leur viabilité et comprendre leurs implications. Réfléchissez soigneusement aux questions à poser pour bien évaluer la situation.

47 Fixez-vous des délais serrés mais réalistes pour trouver vos informations.

POINTS À RETENIR

- Avant de lancer des recherches, évaluez soigneusement vos besoins.
- Internet est une mine d'informations de toutes sortes.
- La qualité des résultats dépend de la méthode de recherche employée.
- Une interprétation claire, concise et exacte des données recueillies est le facteur clé du bon usage que vous en ferez.

SAVOIR CHERCHER

Aujourd'hui plus que jamais auparavant, vous pouvez accéder à un nombre considérable d'informations. Ciblez vos recherches d'après les informations requises pour prendre votre décision. Établissez une « liste des informations idéale » et vérifiez si et où elles sont disponibles. Lancez une recherche exhaustive, sans rien omettre d'important, mais en vous limitant à cette liste idéale. Veillez à restez objectif afin de ne pas laisser échapper des éléments déterminants pour votre décision.

EXPLOITER DES RESSOURCES

Commencez par exploiter les ressources de votre entreprise. Recherchez des données qui n'ont pas encore été analysées et essayez de les mettre à profit. Les outils électroniques fournissent des tonnes d'informations, mais les documents écrits sont parfois plus faciles d'accès. Les technologies de l'information ont énormément évolué et certaines sociétés spécialisées sont capables de vous apporter une aide précieuse, notamment dans les secteurs compétitifs. Conférences et séminaires sont les meilleurs moyens pour tisser des réseaux de relations. Mais avant tout, ne négligez pas l'aide que peuvent vous apporter vos collègues.

48 Lorsque vous chargez des personnes de faire des recherches, choisissez les plus douées.

49 Les informations recueillies seront utiles un jour ou l'autre, archivez-les.

TRAITER LES INFORMATIONS RECUEILLIES

Classez et vérifiez soigneusement vos informations. N'acceptez les rapports de consultants externes ou de sources internes que s'ils sont parfaitement structurés toutes les conclusions clairement exposées, les données qui les soutiennent présentées en ordre logique et toutes les informations pertinentes regroupées par thèmes. Ne prenez jamais rien pour argent comptant. Si les données proviennent d'un échantillon trop restreint ou non représentatif, ou si les questions étaient orientées, considérez que les résultats ne sont pas fiables. Effectuez une vérification par recoupements, puis poursuivez vos recherches dans les voies tracées par les rapports. Fondez-vous sur ces informations pour prendre votre décision et définir un plan d'action.

À FAIRE

1. Recherchez des informations intéressantes et archivez-les.
2. Créez des liens avec la documentation et les départements clés de l'entreprise.
3. Constituez-vous une bibliothèque personnelle.
4. Lorsque vous vous documentez, tenez compte aussi bien de la globalité des problèmes que de points de détail spécifiques.

LOCALISER LES INFORMATIONS

SOURCE	ÉLÉMENTS À PRENDRE EN COMPTE
RESSOURCES INTERNES Bibliothèque, statistiques internes, service financier, collègues et chercheurs de l'entreprise.	• Bon point de départ pour recueillir des informations. • Risque de perte de temps si vous devez trier les informations pour découvrir celles dont vous avez besoin. • Dépend de la bonne volonté des collègues.
SOURCES PERSONNELLES Amis, contacts extérieurs, concurrents, séminaires, coupures de presse et publications.	• Vous pouvez trouver des idées et des informations auprès de personnes de fonctions et de secteurs divers. • Les informations personnelles non officielles sont souvent difficiles à exploiter totalement.
EXPERTS Consultants en gestion et autres, études marketing et économiques et experts universitaires.	• Niveaux de compétence élevés et variés. • Trouver des informations pertinentes peut être long. • Le résultat sera probablement excellent, mais vous devrez vérifier toutes les références et propositions.
MOYENS ÉLECTRONIQUES Internet, intranet, réseaux informatiques et services d'informations en ligne.	• Le Web et autres services de ce type fournissent une foule d'informations utiles, parfois même un peu trop. • Aux heures de grand trafic, les liaisons sont lentes. • Les informations ne sont pas toujours exactes.

ÉVALUER LA CONCURRENCE

Avant d'appliquer une décision, prenez le temps de réfléchir à ses répercussions sur le marché et aux réactions possibles de vos concurrents. Si vous voulez comprendre et répondre de manière adéquate à la concurrence, vous devez impérativement mener une étude de marché approfondie. Cherchez à savoir ce que vos clients pensent de vos produits et des produits concurrents, et réagissez en conséquence. L'autre approche de la concurrence est ce que l'on appelle la « théorie des jeux ».

50 Menez souvent des études de marché et agissez en fonction des résultats.

51 Archivez vos informations concernant le comportement de vos concurrents.

CONNAÎTRE LE SYSTÈME

D'après la « théorie des jeux », une entreprise et ses concurrents font partie du même « système commercial » incluant frontières, joueurs, et une série de règles que vous apprenez en jouant. Vous apprenez aussi les relations de cause à effet. Tout changement de l'un des éléments du système se répercute sur l'ensemble. Les joueurs ne prennent jamais de décision sans avoir mesuré ses conséquences possibles.

52 Apprenez les règles du jeu et détournez-les à votre avantage.

CHANGER LES RÈGLES DU JEU

Pour battre la concurrence, il faut généralement offrir de meilleurs produits ou services à des prix inférieurs. Mais, à l'heure actuelle, cette prouesse est beaucoup plus difficile, voire parfois impossible à accomplir. Une solution consiste à changer la règle du jeu. Réfléchissez à votre commercialisation et cherchez comment forcer le passage sur le marché de manière radicalement différente (vente directe aux clients ou création sur Internet d'un « magasin » ouvert 24 h/24 et 7 jours/7). Trouvez des astuces que les autres « joueurs » ne voudront ou ne pourront pas suivre, et développez et exploitez vos points forts.

À FAIRE

1. Restez bien informé des démarches des concurrents.
2. Trouvez des moyens novateurs pour attirer le consommateur.
3. Conservez toujours une longueur d'avance sur vos concurrents.
4. Après avoir étudié le marché, changez au besoin de stratégie.

CONCLURE DES ALLIANCES

Dans le domaine du sport, les concurrents ont un intérêt commun, attirer un maximum de monde à leurs matchs. Les joueurs du monde des affaires ont également des intérêts communs : obtenir chacun le maximum de parts de marché, mais aussi étendre le marché global. Trouvez des entreprises complémentaires à la vôtre et formez des alliances pour jouer avec eux dans un secteur du marché, tout en restant concurrents dans d'autres. Ce type d'alliance fournisseur-client peut améliorer les performances et réduire les coûts, puisque les bénéfices se partagent.

▲ **COLLABORER**
Des équipes sportives rivales ont un intérêt commun, à savoir développer le marché (ici attirer le maximum de spectateurs) pour augmenter leurs bénéfices. Les deux équipes se battent pour offrir un beau spectacle à leurs supporters et élargir leur « marché ».

53 Anticipez les actions de vos concurrents pour les devancer sur le marché.

QUESTIONS À SE POSER

Q Les concurrents ont-ils des points communs avec nous ?

Q Pouvons-nous coopérer sur ces points communs ?

Q Cette coopération profitera-t-elle surtout aux concurrents ?

Q Cette coopération profitera-t-elle surtout à notre entreprise ?

Q Comment préserver la stimulation de la concurrence ?

PRÉVOIR L'AVENIR

Prendre des décisions repose sur la capacité à prévoir l'avenir et à présumer du déroulement d'événements suivant un plan d'action établi. Développez des méthodes pour affiner vos prévisions et exploiter au mieux celles des autres.

54 Avant de vous engager dans une décision, analysez tous les éléments en cause.

55 Vérifiez les prévisions d'après votre intuition et votre expérience.

56 Créez le futur, c'est la méthode de prévision la plus efficace.

SÉLECTIONNER DES MÉTHODES

La plupart des prévisions s'appuient sur une extrapolation de chiffres. Pour établir un budget, par exemple, vous observez les coûts et les ventes de l'année écoulée et estimez ceux de l'année à venir en fonction de prévisions d'augmentations et de diminutions. Cette méthode de prévision sert également de base aux planifications à long terme. Une méthode plus dynamique part du futur : vous déterminez les résultats souhaités, puis planifiez l'action requise pour les obtenir. Cette méthode, qui crée le futur au lieu de simplement le prévoir, est le secret des prises de décision progressistes.

ÉLARGIR LES PERSPECTIVES

Pour établir des prévisions, vous devez tenir compte de facteurs internes à votre entreprise et de facteurs externes du marché. Ainsi, lorsque vous proposez un programme de grande envergure pour commercialiser un nouveau produit, prévoyez les éléments ci-après :

ÉLÉMENTS INTERNES

- Finances : comment augmenterez-vous la trésorerie ?
- Structures : à quel endroit se déroulera l'opération ?
- Personnel : qui dirigera l'opération ?
- Développement : combien de temps durera cette opération ?
- Délais : à quelle date le produit sera-t-il lancé ?

ÉLÉMENTS EXTERNES

- Clients : où se situe le marché ?
- Marché : quelle sera la position du marché à la date de lancement du produit ?
- Concurrents : comment réagiront-ils ?
- Promotion : que faut-il faire et quel en sera le coût ?
- Investisseurs : aurez-vous besoin de fonds supplémentaires ?

QUESTIONS À SE POSER

- **Q** Ai-je tenu compte de toutes les variables et alternatives de cette prévision ?
- **Q** Puis-je évaluer la probabilité de chaque résultat escompté ?
- **Q** Ai-je prévu une marge d'erreur et est-elle réaliste ?
- **Q** Ai-je évalué rationnellement toutes les possibilités ?
- **Q** Ai-je oublié un élément majeur susceptible d'avoir de fâcheuses répercussions sur la prévision ?

EXPLOITER DES PRÉVISIONS

Appuyez-vous sur votre expérience et votre intuition pour juger de la valeur des prévisions et considérez que les prévisions sont des documents dynamiques à actualiser à mesure où de nouvelles informations vous parviennent. Par exemple, vous pouvez réviser votre budget annuel d'après vos performances du premier trimestre. Les prévisions deviennent alors un outil très souple de contrôle, de surveillance et de planification du futur.

57 **Avant d'établir une prévision, analysez toutes les hypothèses et vérifiez-les de nouveau ultérieurement.**

ÉVALUER LE DEGRÉ D'EXACTITUDE D'UNE PRÉVISION

Vous pouvez affiner vos prévisions avec la « théorie des probabilités ». Notez de 0 à 1 les probabilités qu'un événement se produise (0,5 correspond à 50 % de chances qu'il se produise). Par exemple, vous prévoyez qu'un investissement a 0,5 chance de rapporter 200 000 F et un autre 0,4 de rapporter 400 000 F. Si vous multipliez les résultats escomptés par les taux de probabilité, vous obtenez 200 000 x 0,5 = 100 000 et 400 000 x 0,4 = 160 000. Le projet à 400 000 F est donc le meilleur, même si ses chances de réussite sont moindres.

▼ PRÉVOIR POUR GAGNER

Une entreprise souhaitait tripler ses parts de marché d'ici à une date précise. Son directeur général a donc cherché comment atteindre cet objectif. Les stratèges de l'entreprise ont travaillé sur des prévisions pour élaborer des plans d'action détaillés qui transformeront ce rêve en réalité.

ÉTUDE DE CAS

Une entreprise, qui vend ses produits à prix fort, voit arriver sur le marché des produits concurrents à bas prix. Des prévisions montrent que cette tendance va se confirmer compte tenu de l'expansion du marché. Une extrapolation de ses résultats montre à l'entreprise qu'elle va à très court terme perdre des parts de marché et des bénéfices.
Le directeur général décide d'envisager une hypothèse d'avenir où l'entreprise est devenue si compétitive au niveau des coûts et des prix qu'elle a triplé ses parts de marché en quatre ans.
Pour atteindre cet objectif, l'entreprise mise sur une augmentation de la production et des ventes. Partant de ce postulat très ambitieux, les stratèges établissent des prévisions et des objectifs concernant les coûts, les marges, la production et la commercialisation de nouveaux produits. En se fixant des objectifs précis, le vœu du directeur général de tripler les parts de marché a été exaucé deux ans avant la date prévue.

UTILISER DES MODÈLES

Vous devez savoir utiliser des outils de modélisation, tels des tableaux ou des graphiques sur ordinateur. Servez-vous-en pour tester des variables et des relations entre données, et prévoir les conséquences d'une modification de facteurs.

58 Simulez l'avenir au lieu d'attendre que les événements se produisent.

SE SERVIR DES ORDINATEURS

Tout processus peut être simulé pour visualiser ses causes et ses effets dans la réalité. La plupart des programmes informatiques proposent plus que de simples tableaux pour visualiser les conséquences de certaines décisions et anticiper les effets à long terme des réactions de la concurrence. Choisissez votre logiciel avec l'aide de spécialistes et veillez à former ceux qui l'utiliseront. Les bons logiciels graphiques sont faciles à utiliser et permettent d'établir des prévisions libérées de la contrainte des essais erreurs. Avec l'apparition de logiciels sans cesse plus performants, prendre des décisions dans des secteurs autrefois complexes, tels que la logistique de distribution ou le contrôle de stock, est devenu pure routine. Ces logiciels sont en effet capables d'effectuer des calculs complexes et de produire en un clin d'œil des statistiques extrêmement faciles à comprendre.

▼ **AUGMENTER LES PRIX**

Cette équation aide à déterminer si vous pouvez augmenter vos prix en vous indiquant jusqu'où votre CA peut chuter avant de provoquer une baisse des bénéfices. Ici, où c = 25, si le prix du produit augmente de 20 %, les bénéfices ne chutent pas tant que le CA ne baisse pas de plus de 44 % : le risque vaut la peine d'être pris.

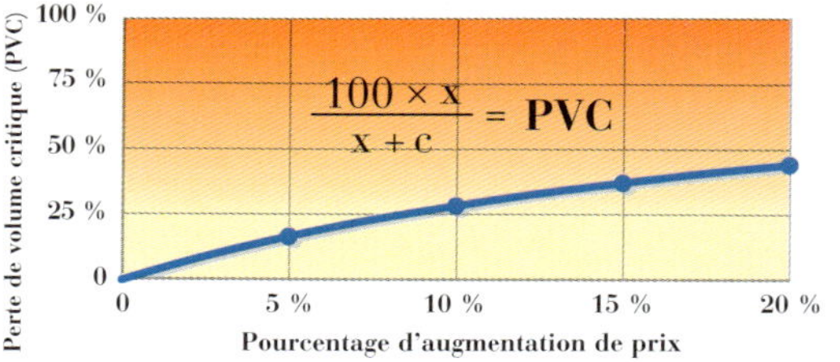

Légende x = *pourcentage d'augmentation de prix* **c** = *prix moins coûts directs (%)*
y = *pourcentage de diminution de prix*

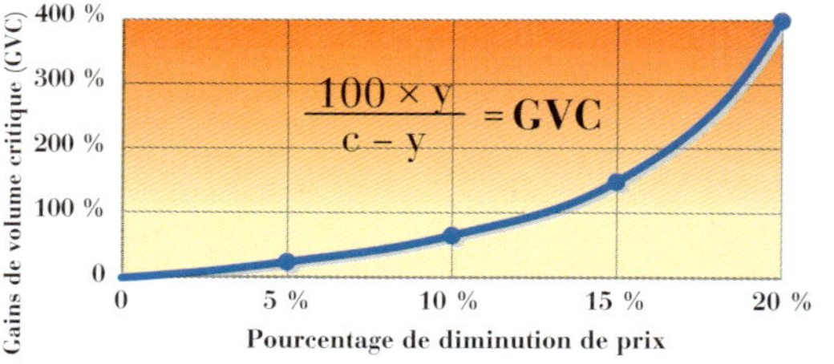

▲ **DIMINUER LES PRIX**

L'équation ci-dessus vous aidera à déterminer si vous pouvez réduire vos prix en vous indiquant jusqu'où doit monter votre CA pour préserver vos bénéfices. Ici, où c = 25, si le prix du produit diminue de 20 %, le CA doit augmenter de 400 % pour préserver les bénéfices : cette stratégie n'est pas viable.

FAIRE APPEL À DES CONSULTANTS

Nul n'est mieux placé qu'un spécialiste pour appliquer des techniques de spécialiste. N'hésitez pas alors à faire appel à des sociétés spécialisées. Il y en a de nombreuses très expérimentées dans les domaines des prévisions, de la modélisation et des techniques de simulation sur ordinateur, mais leurs services sont coûteux. Pour tirer le meilleur profit de leurs compétences, exposez-leur votre situation de manière précise et exhaustive.

SE FAIRE AIDER ▶
En tant que responsable, vous avez des décisions à prendre qui nécessitent des prévisions et des modélisations. Pour ne pas perdre de temps, faites appel à des experts auxquels vous expliquerez en détail et très clairement ce que vous attendez.

EXPLOITER LES RÉSULTATS FOURNIS

Quelle que soit l'expérience de la personne qui établit la prévision, celle-ci n'est que le reflet des informations qui lui ont permis de l'établir. N'oubliez pas que la qualité des résultats dépend de la qualité des données exploitées. Assurez-vous d'avoir collecté toutes les informations requises de manière logique et précise. Si les résultats obtenus semblent difficiles à croire, plutôt que de les mettre en doute, vérifiez la validité de chacune des hypothèses et la méthodologie appliquée avant d'agir. Ne négligez jamais des résultats déconcertants. Vous pourriez découvrir qu'ils sont dus à un manque d'informations essentielles ou au fait que des répercussions importantes n'ont pas été correctement prises en compte.

59 N'effectuez des calculs complexes que si vous en avez les compétences.

60 Si la modélisation contredit ce que vous pensiez, effectuez des vérifications croisées.

RÉDUIRE LES RISQUES AU MINIMUM

La plupart des décisions comportent une part de risque. Servez-vous de vos capacités de jugement et de votre expérience pour lever les doutes d'une situation, réfléchissez aux conséquences de vos actes, soyez prêt à faire des compromis et pensez soigneusement aux délais.

61 Utilisez vos capacités de jugement et pour tirer le maximum de chaque décision.

62 N'hypothéquez jamais l'avenir au profit du court terme, sauf si vous n'avez pas le choix.

63 Il vaut mieux prendre des décisions importantes trop tôt que trop tard.

MESURER LES CONSÉQUENCES

Une décision entraîne généralement une action à un moment ultérieur déterminé. Réduisez les risques en établissant la liste des conséquences possibles de chaque action envisagée et en évaluant les probabilités de conséquences négatives et de dommages qui pourraient en découler. Évaluez aussi les conséquences en terme de délais (immédiat, court et long terme) et mesurez plutôt les résultats à long terme d'une décision au lieu de vous focaliser sur le court terme. Analysez les facteurs externes susceptibles d'affecter votre décision et essayez de mesurer les risques (et les raisons) d'échec. Cette analyse détaillée permet d'établir des plans d'urgence pour parer à toutes les éventualités.

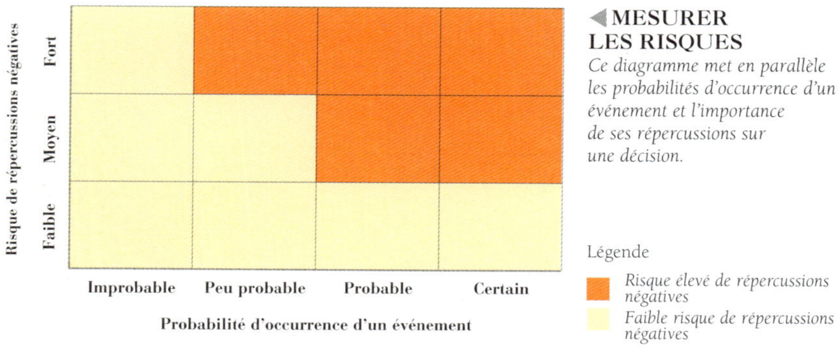

◄ MESURER LES RISQUES
Ce diagramme met en parallèle les probabilités d'occurrence d'un événement et l'importance de ses répercussions sur une décision.

QUESTIONS À SE POSER

Q Ai-je envisagé toutes les possibilités ?

Q Ai-je repéré et analysé à fond chaque possibilité ?

Q Ai-je évalué et comparé les probabilités ?

Q L'une des alternatives proposées met-elle en péril les objectifs ?

Q Mon échéancier laisse-t-il suffisamment de liberté d'action ?

64 Tenez une liste des compromis faits.

PRÉVOIR DES ALTERNATIVES

Une gestion efficace implique négociations et compromis pour prendre la bonne décision lorsque de multiples facteurs entrent en jeu. Une alternative a pour but de maintenir au niveau le plus bas possible les risques à court et à long terme. Vous ne pouvez pas optimiser à la fois vos bénéfices et vos investissements – il faut parfois savoir perdre à court terme pour gagner à long terme. Il en va de même pour un produit manufacturé – vous ne pouvez pas optimiser la vitesse d'une voiture et réduire parallèlement sa consommation d'essence.

Pour prendre de bonnes décisions, déterminez vos priorités et évaluez celles de vos concurrents. Trouvez les facteurs déterminants pour les consommateurs de façon à leur donner la priorité et à pouvoir accorder moins d'importance aux autres. Certaines solutions préconisent de réduire les coûts, mais sachez que peu de consommateurs acceptent volontiers de sacrifier la qualité pour les bénéfices.

PLANIFIER LA MISE EN APPLICATION D'UNE DÉCISION

Beaucoup de projets échouent faute d'une bonne planification. Lorsqu'il s'agit de commercialiser un nouveau produit, par exemple, vous devez parfois trouver un compromis entre attendre de détenir tous les éléments nécessaires pour lancer le produit en toute sécurité et le lancer rapidement pour devancer vos concurrents. La seconde solution est plus risquée, mais le marché peut être perdu si vous tardez trop. N'hésitez pas à vous décider et à agir vite, et différez qu'en cas de motif sérieux.

▼ PLANIFIER À L'AVANCE
Utilisez des planificateurs muraux, qui présentent d'un coup toutes les informations relatives à une décision, pour vous aider à planifier vos projets à l'avance et à fixer le moment opportun pour appliquer une décision.

UTILISER DES STRATÉGIES SÉCURISÉES

Un décideur doit avoir visualisé les situations dans leur ensemble et analysé toutes les conséquences des solutions envisagées. Une fois les risques potentiels détectés, tissez un filet de protection pour les réduire et optimiser vos chances de succès.

65 Ne prenez pas de décision irréfléchie, elle n'aura que peu de chances de succès.

66 Des spécialistes de la planification peuvent se révéler meilleurs critiques que planificateurs.

PLANIFIER DES SCÉNARIOS

Lorsque vous évaluez les risques potentiels d'une décision, posez-vous systématiquement la question « Quel est le meilleur résultat (scénario idéal) que je peux raisonnablement espérer obtenir de cette décision ? Et le pire (scénario catastrophe) ? » Ici, le mot clé est « raisonnablement ». Pas d'optimisme ni de pessimisme démesurés, cette forme simpliste de prévision de scénario montre si le « scénario idéal » vaut la peine de prendre le risque du « scénario catastrophe ».

▼ CHOISIR UNE STRATÉGIE

Des trois résultats illustrés ci-dessous, le « scénario idéal » doit être celui escompté, mais envisagez des alternatives et préparez-vous à toutes les éventualités.

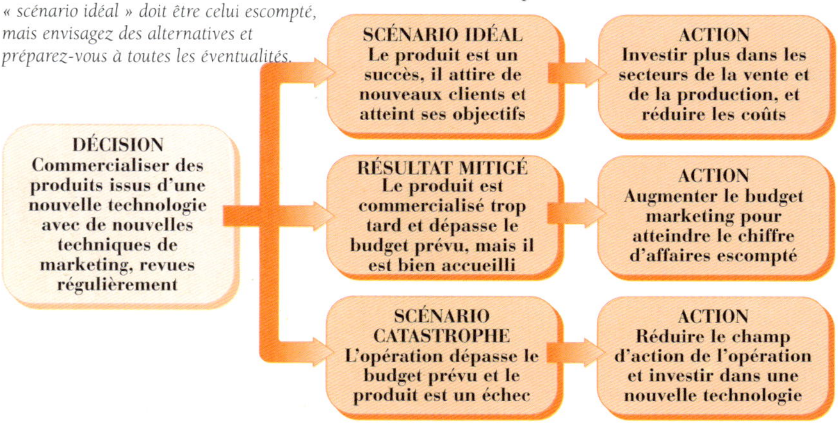

POINTS À RETENIR

- Vous pouvez toujours trouver un juste milieu entre le scénario idéal et le scénario catastrophe.
- Ne prenez pas de gros risques pour une maigre récompense.
- Lorsque vous prévoyez le meilleur, préparez-vous aussi au pire.
- Planifiez vos scénarios avec l'aide d'une grande diversité de personnes.
- Si aucun scénario ne vous paraît satisfaisant, revoyez l'ensemble du projet.

IMAGINER DES SCÉNARIOS

Les « prévisions à orientation unique », c'est-à-dire qui n'envisagent qu'une seule issue, sont plus risquées que celles qui en envisagent plusieurs. Imaginez des scénarios de rechange aussi détaillés que possible pour mieux vous préparer à toutes les éventualités. Par exemple, vous pouvez prévoir les prix dans votre secteur d'activité en misant sur une augmentation, une stabilité ou une réduction des prix de la concurrence. Ces trois éventualités vous amènent à envisager trois stratégies. Choisissez celle qui répond le mieux à tous les scénarios, ou axez-vous sur le résultat le plus attractif et prenez les décisions qui vous donnent le plus de chances de l'atteindre.

DISCUTER DES ALTERNATIVES POSSIBLES

Imaginer des scénarios est le meilleur moyen d'entraîner des collègues dans un processus de prise de décision. Vous pouvez analyser objectivement les problèmes essentiels et vous aider des solutions suggérées pour agir avec efficacité lorsque la situation se produit réellement. Quelles sont les principales variables ? Comment réagir au mieux lorsqu'un scénario se matérialise ?

67 Mettez en parallèle chaque plan d'action avec le résultat escompté.

Un collègue demande des détails sur un plan d'action.

Le responsable expose les résultats potentiels.

Une collègue souhaite être bien informée avant de prendre une décision.

DIALOGUER LIBREMENT
Envisagez divers scénarios avec vos collègues et analysez toutes les solutions proposées avant de vous orienter vers un consensus pour prendre une décision finale.

ÉVALUER LES RÉPERCUSSIONS SUR LE PERSONNEL

Lorsque vous analysez des idées en vue de prendre une décision, tenez compte du personnel. Il risque de ne pas apprécier l'annonce d'un changement imminent sans consultation préalable ou l'embauche des nouvelles compétences requises pour appliquer votre décision.

68 Déterminez le nombre de personnes requises pour garantir une efficacité maximale.

69 Assurez-vous que le personnel a accès à l'information.

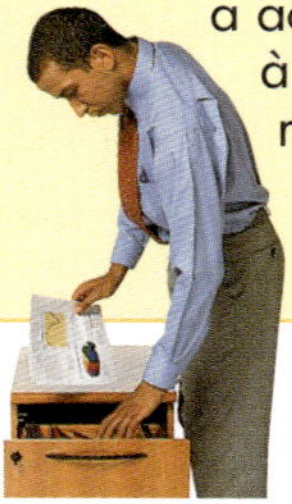

ÉVALUER SES BESOINS

La plupart des décisions prises en entreprise ont des répercussions sur le personnel en poste. Une fois votre décision prise, évaluez le nombre de personnes requises pour l'appliquer de manière efficace. Déterminez aussi les compétences spécifiques nécessaires au succès de votre plan d'action et le moment idéal pour les faire intervenir. Le recrutement est un sujet sensible, aussi veillez à informer le personnel en poste des décisions d'embauche. Si vous devez recruter, expliquez pourquoi en vous appuyant sur vos objectifs et votre plan d'action.

ÉVALUER LES COMPÉTENCES DISPONIBLES

Avant de distribuer les tâches, évaluez les atouts et les faiblesses de votre force de travail. Peut-être disposez-vous déjà du nombre de personnes et des compétences qu'il vous faut pour appliquer votre décision et son plan d'action. Toutefois, vous devrez probablement redistribuer des rôles et donner plus de responsabilités à certaines personnes. Des fonctions peuvent se recouper et des postes faire double emploi. Des employés peuvent avoir besoin d'une formation particulière pour actualiser ou accroître leurs compétences.

70 Lorsque vous décidez d'une action, évaluez les compétences dont vous disposez.

71 Soyez objectif pour les décisions concernant le personnel.

Affecter du Personnel

Si votre décision implique de recruter, de réorganiser, de redistribuer ou de supprimer des postes, vous rencontrerez certainement une forte résistance de la part du personnel en place. Informez et consultez le personnel à chaque stade du processus de décision pour mieux le préparer au résultat. Les redistributions et suppressions de postes sont des expériences traumatisantes, qui doivent être traitées avec beaucoup de diplomatie. Exposez clairement les raisons qui vous poussent à remplacer du personnel et traitez les cas de postes en doublon avec tact, générosité et compréhension, surtout sur le plan financier.

▼ **DISCUTER DES RÔLES**
Lorsque vous discutez d'un changement de poste avec un membre du personnel, soyez franc mais faites preuve de délicatesse. Essayez d'imaginer ses objections de façon à préparer vos réponses et à réagir avec calme et diplomatie.

La responsable a anticipé les objections et préparé une liste de réponses.

Impliquer une Nouvelle Équipe

Dès qu'une nouvelle équipe est constituée, agissez vite pour que ses membres s'impliquent totalement dans l'application de votre décision. Vérifiez que chacun détient une brève description de son poste et connaît parfaitement ses attributions. Distribuez aux nouveaux une présentation de l'entreprise et assurez-vous qu'ils s'intègrent rapidement. Exposez clairement les motifs de votre décision et l'action requise pour l'appliquer, de sorte que chacun connaisse les objectifs. Lancez des défis pour pousser les gens à les relever et à se surpasser.

Questions à se Poser

Q Quelles sont les compétences requises pour appliquer mes décisions ?

Q Quelles sont les compétences dont je dispose déjà au sein de l'entreprise ?

Q Dois-je embaucher de nouvelles compétences pour les tâches à accomplir ?

Q Le personnel en poste est-il au courant de mes intentions de recrutement ?

PRENDRE SA DÉCISION

Lorsque tout est prêt et que vient enfin le moment de prendre une décision, assurez-vous une fois encore que vous avez fait le bon choix. Revoyez vos possibilités, demandez l'avis de votre entourage pour asseoir votre opinion puis foncez.

72 Avant d'entériner une décision, dressez la liste des principaux problèmes.

QUESTIONS À SE POSER

Q Changerais-je d'avis si j'avais plus de temps ou d'informations ?

Q Mon approche a-t-elle été sérieuse et raisonnable ?

Q Ai-je sollicité la contribution de suffisamment de personnes pour cette décision ?

Q Est-ce que cette décision me satisfait pleinement ?

ÉVALUER UNE DÉCISION

Vous avez pris toutes les précautions requises et respecté toutes les étapes préconisées pour garantir le bien-fondé de votre décision. Les dés sont jetés. Vous devez embaucher ou licencier, passer une commande, vous défaire d'un fournisseur, approuver ou rejeter une campagne publicitaire. Avant d'agir, prenez le temps de revoir et d'évaluer votre décision. Quel est son but ? Pourquoi la prendre maintenant ? Sera-t-elle comprise ? Comment sera-t-elle perçue ? Le but n'est pas de semer le doute dans votre esprit mais de vous assurer que vous avez pris une décision raisonnable par le biais d'un processus rationnel.

S'ENGAGER

Parfois, vous préférez ne pas prendre la décision qui vous semble la meilleure car vous craignez que l'action qu'elle implique soit risquée et vous expose à des reproches. Vous refusez alors d'assumer vos responsabilités, ce qui peut être plus dangereux que de vous impliquer et d'aller de l'avant. Lorsque vous prenez une décision, demandez-vous si vous êtes réellement engagé dans cette décision, prêt à assumer l'entière responsabilité de vos actes et ses conséquences si elle s'avère négative à long terme. N'allez de l'avant que si vous répondez oui à ces questions : c'est que vous êtes sûr d'avoir fait le bon choix.

73 Sachez que des décisions trop prudentes dénotent parfois un besoin excessif de sécurité.

74 Avant d'arrêter une décision, essayez de repérer toutes ses imperfections.

CONFORTER DES DÉCISIONS

Le soliste le plus sûr de lui a besoin de se réconforter en discutant des décisions qu'il a prises ou va prendre. Même lorsque vous êtes déterminé, cela vous aidera de discuter de votre décision finale avec un collègue ou un ami. Ce type de discussion, sous réserve qu'elle soit positive, libère du stress que représente une prise de décision et offre une nouvelle occasion de revoir le processus, les pour et les contre, et les motifs de votre décision. Si, au fil de la discussion, vous découvrez une erreur cruciale, tant mieux. Vous pouvez encore modifier votre décision avant qu'il ne soit trop tard.

▲ **ÉCHANGER LES OPINIONS**
Une petite discussion informelle avec un collègue peut vous aider à surmonter le stress du processus de prise de décision, et laisse toujours une chance que ce collègue découvre une zone d'ombre sur laquelle vous devez encore travailler.

SE LIBÉRER DU DOUTE

Notre plus grande peur est de nous tromper. Elle s'associe souvent à la peur des conséquences sur notre travail, notre réputation et nos récompenses. Ne refoulez pas ces peurs. Admettez que toute décision présente un risque d'erreur et que personne ni aucune entreprise ne peut évoluer avec une vision négative des situations. Si vous ne voulez pas vous tromper, vous n'avez qu'une solution, ne jamais prendre de décision. Pour ne pas tomber dans cet extrême, adoptez une démarche positive qui renforcera votre assurance. Rappelez-vous le « scénario catastrophe », évaluez les risques qu'il se réalise et ses conséquences. Si vous en concluez que vous y survivrez, pourquoi avoir peur ? Balayez vos craintes et allez de l'avant.

75 Inscrivez sur une feuille toutes les peurs qui vous assaillent, puis jetez cette feuille à la corbeille !

FAIRE APPROUVER SA DÉCISION FINALE

Une fois votre décision prise, il est possible que vous deviez la faire valider officiellement. Si vous avez régulièrement informé vos supérieurs de vos progrès, vous obtiendrez facilement leur accord. Sinon, vous devrez rédiger un rapport écrit ou organiser une réunion de présentation.

76 Préparez un rapport clair et bien ficelé qui impressionnera vos supérieurs.

77 Trouvez un sponsor pour augmenter vos chances de faire approuver vos décisions.

OBTENIR UN ACCORD

Moins une décision requiert d'accords, plus la tâche du décideur est aisée. L'idéal étant de n'avoir qu'un seul accord à obtenir, essayez de réduire au minimum le nombre d'intervenants. Mais, dans les entreprises très hiérarchisées, où des responsables de chaque niveau doivent donner leur accord sur les moindres décisions, le processus peut être très lent, voire frustrant. Soyez patient et persévérant pour remporter la victoire.

PRÉPARER UN RAPPORT

Pour faire passer certaines décisions, vous devez parfois rédiger à l'intention de vos supérieurs un rapport détaillant vos recommandations et ce qui les motive. Pour être le plus convaincant possible, un rapport doit exposer clairement les points suivants :

- Nécessité de la décision
- Action recommandée
- Mode de mise en œuvre de l'action
- Personne(s) impliquée(s)
- Date de déclenchement de l'action

À FAIRE

1. Considérez votre décision d'un œil critique.
2. Vérifiez que vous avez analysé tous les aspects et revoyez vos objectifs avant la rédaction du rapport.
3. Inventoriez les avantages et les inconvénients.
4. Indiquez la date limite d'obtention de l'accord.

FOURNIR DES PREUVES

Résumez votre décision et ses motifs en une page fournissant les informations qui vous ont permis d'arriver à cette conclusion. Pensez à ceux qui liront votre rapport et anticipez leurs questions éventuelles, y compris les plus tatillonnes, voire bornées. N'oubliez pas que vous êtes au cœur du problème depuis déjà un certain temps tandis que les autres le découvrent. Ne truffez pas votre rapport d'une foule d'informations si vous ne voulez pas décourager vos lecteurs. Contentez-vous de donner des informations bien ordonnées et classées logiquement dans l'ordre de votre résumé.

78 Les questions agressives sont une technique et non pas une attaque personnelle.

PRÉSENTER SES IDÉES

Si vous devez présenter votre rapport, préparez votre exposé comme un discours très important. Vérifiez bien vos documents et préparez-vous aux attaques. Il est possible que vos supérieurs pensent qu'une « épreuve du feu » permet de tester un chef d'équipe en fouillant pour déceler les lacunes de son projet. Même en cas de questions insidieuses, restez calme et confiant dans vos propositions. Rappelez-vous que vous avez analysé le problème sous tous les angles et que vous avez pris la meilleure décision possible.

Un langage du corps ouvert donne confiance dans la décision.

PRÉSENTER SA DÉCISION ▶
Présentez votre décision à l'aide de supports visuels intégrant, au besoin, des diagrammes clairs et de bonne qualité. Des schémas peuvent vous aider à obtenir plus rapidement l'accord souhaité.

79 Veillez à répondre à toutes les objections.

APPLIQUER UNE DÉCISION

Une décision est sans valeur tant qu'elle n'est pas traduite en action qui, à son tour, engage le décideur dans une série de décisions et de choix opérationnels.

ÉLABORER UN PLAN D'ACTION

Un plan d'action se profile tout naturellement à mesure que les choses évoluent. Une fois votre décision finale prise, concentrez-vous à développer des plans pour l'appliquer.

80 Soyez sûr de votre décision avant de lancer un plan d'action.

DÉFINIR UN PLAN D'ACTION

Lorsque vous développez un plan pour appliquer votre décision, impliquez d'autres personnes. Faites appel à ceux qui détiennent les compétences requises. Assurez-vous qu'ils comprennent parfaitement votre décision et ce qui l'a motivée. Avec eux, analysez l'ensemble de la tâche, déterminez les actions à entreprendre et le moment idéal pour appliquer la décision. Pour chaque tâche, fixez une date de début et de fin, des échéances intermédiaires et une prévision de résultats. Le plan doit aussi définir des dates auxquelles il peut être revu et remanié.

DÉLÉGUER L'ACTION

Certaines décisions, telles qu'organiser des réunions, peuvent être assurées par une seule personne. D'autres, plus délicates, telles que développer une campagne publicitaire ou lancer un nouveau produit, impliquent de nombreuses tâches et nécessitent une équipe. Divisez les tâches en activités plus simples à gérer que vous déléguez individuellement à des membres de l'équipe. Laissez à ces membres toute liberté d'action et tenez-les responsables de l'activité qui leur a été confiée. Rappelez-vous qu'ils sont également responsables de leur contribution personnelle à la réussite globale de la mise en application de la décision. Votre rôle consiste à vérifier que chacun assume ses responsabilités et à soutenir les membres de l'équipe dans leur démarche.

81 Pour constituer une équipe, réfléchissez à l'association de compétences dont vous avez besoin.

82 Encouragez les membres de l'équipe à contribuer à l'élaboration du plan d'action.

▼ INFORMER UNE ÉQUIPE

Lorsque vous expliquez une décision à une équipe, décrivez le contexte dans lequel elle a été prise et comment elle sera mise en application. Aidez-vous de supports visuels.

Le responsable d'équipe explique la décision.

Un membre de l'équipe pose une question.

DÉFINIR UN PROJET D'ÉQUIPE

Lorsque vous organisez un projet d'équipe, vous devez couvrir tous les besoins techniques et toutes les activités. Impliquer les membres de l'équipe permet d'élaborer des plans plus efficaces et développe l'esprit d'équipe. En tant que décideur, vous devez constituer l'équipe et coordonner les activités. Vous devez aussi, dès la première réunion d'équipe, vérifier que les compétences sont bien réparties et que l'équipe a trouvé des méthodes pour travailler en groupe. Réfléchissez également au rôle de chacun au sein de l'équipe et vérifiez que chacun collabore efficacement au travail de l'équipe.

INFORMER D'UNE DÉCISION

Lorsque vous avez pris une décision et planifié sa mise en application, avertissez les collègues concernés. Répondez aux réactions de tout le personnel, et veillez à ce que chacun s'implique au maximum dans votre décision.

83 Soyez aussi franc que possible lorsque vous informez le personnel d'une décision.

CLARIFIER UNE DÉCISION POUR SES COLLÈGUES

Décomposez votre décision en plusieurs parties

↓

Discutez des principaux objectifs de chaque composant de la décision

↓

Expliquez les actions requises pour atteindre chaque objectif

↓

Déléguez la responsabilité d'exécution de chaque action

↓

Fixez des échéances pour chaque action

↓

Accordez-vous sur des dates de contrôle de l'état d'avancement de chaque action

TRANSMETTRE LES INFORMATIONS

Informer toutes les personnes concernées par la mise en application d'une décision fait partie du processus de prise de décision. Dispenser les bonnes informations vous garantit que votre décision et ses motifs seront bien compris et encourage à la soutenir. Expliquez les alternatives envisagées avant de prendre votre décision et les motifs de votre choix. Détaillez quelles seront les répercussions de votre décision sur les individus. Soyez ouvert aux questions et essayez de faire tomber les réticences en acceptant certaines modifications pour répondre à des objections et des inquiétudes justifiées.

MAINTENIR LE CONTACT

Il est impératif d'informer tout le monde de l'évolution et des modifications de stratégie à chaque étape de mise en application d'une décision. Des réunions d'équipe, formelles ou informelles, sont le meilleur moyen pour discuter des problèmes liés au travail, essayer de trouver de nouvelles solutions aux problèmes spécifiques que soulève une décision et faire ressortir les griefs. Encouragez les membres du personnel à vous parler en toute confiance des problèmes relationnels auxquels ils sont confrontés.

ÉVITER LES SECRETS

Lorsque vous communiquez une décision, visez la transparence et non la dissimulation, et avertissez toutes les personnes concernées. Dans les structures d'entreprises traditionnelles, les décisions se prennent généralement à huis clos, laissant libre cours aux rumeurs. Cette méthode génère anxiété et incertitude, et nuit au moral. Il est parfois préférable de ne pas annoncer immédiatement de bonnes nouvelles, mais, aussi légitime que cela paraisse, cacher de mauvaises nouvelles est toujours une erreur. Si, pour une bonne raison, vous devez remettre à plus tard la transmission de certaines informations, annoncez quand vous pensez pouvoir en dire plus.

34 Vérifiez par sondage auprès d'individus isolés que tout le monde a bien compris le message.

VENDRE DES DÉCISIONS

Pour « vendre » votre décision à des collègues qui ne sont pas convaincus, vous devez :

- Vérifier que vous comprenez les besoins de vos collègues ;
- Présenter votre décision dans une optique qui cadre avec leurs besoins ;
- Insister sur les avantages pour l'entreprise comme pour les individus concernés ;
- Laisser au maximum la parole à vos collègues et essayer de retourner toutes les objections en votre faveur ;
- Conclure la « vente » en persuadant que chacun aurait pris la même décision.

INFORMER VOS COLLÈGUES DE VOTRE DÉCISION

DÉCIDEUR
En tant que décideur, vous devez informer tous vos collègues de votre décision et des actions à entreprendre pour l'appliquer. Variez votre approche en fonction des niveaux hiérarchiques.

INFORMER SES SUPÉRIEURS
Vous devrez vendre votre décision à vos supérieurs s'ils ont droit de veto sur toute action mise en œuvre dans l'entreprise.

INFORMER SES COLLÈGUES
Peut-être devrez-vous batailler pour obtenir le soutien et la confiance de vos collègues, surtout s'ils doutent de vos motivations.

INFORMER SES COLLABORATEURS
Vous aurez peut-être besoin de certains de vos collaborateurs pour appliquer votre décision, aussi invitez-les à partager les connaissances spécifiques qui sont les leurs.

DISCUTER LE STADE DE MISE EN APPLICATION D'UNE DÉCISION

Les réunions n'ont pas d'autre but que de discuter et d'informer. Toutefois, certaines sont organisées pour analyser les progrès de mise en œuvre d'une décision. Alors, soyez clair sur le résultat escompté et sur le choix des participants.

85 En tant que président de séance, contrôlez la réunion et ne vous laissez pas écarter du sujet.

86 Assurez-vous que l'ordre du jour de chaque réunion est bien clair pour tous les participants.

ÉVITER LES PERTES DE TEMPS

Lorsque vous organisez une réunion pour discuter de l'application d'une décision, il est essentiel de ne pas perdre de temps. Préparez la réunion en rassemblant toutes les informations nécessaires. Transmettez à l'avance aux participants l'ordre du jour et les documents de référence nécessaires pour qu'ils s'informent de la situation. Si des personnes clés ne peuvent être présentes, prévoyez une liaison par téléphone ou une vidéoconférence.

CONDUIRE UNE RÉUNION

Veillez à rester maître des réunions organisées pour discuter de points ou de problèmes relatifs à la mise en application de votre décision. Assurez-vous de circonscrire tous les problèmes et de fournir toutes les informations concernant votre décision. Au besoin, guidez les participants pour qu'ils s'accordent sur la façon d'améliorer un plan d'action. Essayez de rationaliser les procédures de travail et d'impliquer toutes les personnes présentes à la réunion. Évitez d'argumenter à tout prix, c'est une perte de temps qui serait mieux exploitée à discuter et à résoudre les problèmes.

POINTS À RETENIR

- Moins une réunion rassemble de participants, plus elle est productive.
- L'ordre du jour d'une réunion doit être transmis largement à l'avance.
- Toute nouvelle information à fournir lors d'une réunion doit être bien préparée et présentée aussi brièvement que possible.
- Chaque participant doit pouvoir exprimer son opinion.

RÉUNIONS DE SUIVI

Les décisions prises lors d'une réunion d'avancement doivent déboucher sur un plan d'action qui désigne les responsables du suivi du plan fixé. Les réunions de suivi sont aussi importantes que les discussions de base et doivent être traitées comme telles. Chaque action doit avoir une date d'échéance et le président de séance, ou un délégué, peut se charger de vérifier que les échéances sont respectées. Si vous organisez une série de réunions sur un projet, vous devez revoir le plan d'action à chaque réunion Expliquez les divergences, les écarts et les retards et prenez les décisions qui s'imposent. Ce suivi peut révéler la nécessité de changer radicalement la décision d'origine. N'hésitez pas à agir en fonction de la situation du moment.

À FAIRE ET À NE PAS FAIRE

- ✔ Distribuez un ordre du jour indiquant les décisions à prendre au cours de la réunion.
- ✔ Listez les personnes chargées du suivi de chaque action.
- ✔ Revoyez les actions planifiées lors d'une réunion.
- ✔ Changer radicalement d'orientation au besoin.

- ✘ Ne faites pas la sourde oreille à ce que vous disent les membres de votre équipe.
- ✘ Ne laissez pas les dates d'échéance dériver, surveillez-les attentivement.
- ✘ Préparez soigneusement chaque réunion.
- ✘ N'hésitez pas à changer d'avis.

87 **Prenez en compte la capacité individuelle et la motivation d'une équipe avant de lancer un plan d'action.**

▼ DISCUTER DES PLANS D'ACTION

Organisez des réunions pour discuter de tous les problèmes soulevés par la mise en application d'une décision. Prodiguez des conseils pour les échecs, mais attachez-vous surtout aux apports constructifs des participants visant à améliorer les plans d'action dans l'avenir.

Un membre de l'équipe est attentif à la nouvelle proposition.

Le président de séance écoute les commentaires des participants.

Un participant propose une nouvelle idée pour résoudre le problème.

VAINCRE LES OBJECTIONS

Toute décision peut susciter divers degrés d'opposition. Au lieu de vous sentir agressé, considérez l'opposition comme un élément intéressant du processus de prise de décision et réagissez intelligemment et prudemment.

88 À chaque objection, essayez de déterminer si elle n'est pas liée à l'émotionnel.

ÉCOUTER LES OBJECTIONS

Même lorsque vous devez à tout prix faire passer une décision, n'ignorez pas les objections qu'elle soulève et ne les repoussez pas, c'est la porte ouverte aux malentendus. Lorsque vous avez le sentiment que vos opposants ne comprennent pas votre position, pensez qu'il est possible que vous ne compreniez pas la leur non plus. Parlez franchement en tête à tête aux intéressés pour comprendre leurs doléances et leurs causes profondes. Il vaut mieux une décision longuement discutée mais finalement approuvée et comprise par le personnel que le recours au « passage en force ». Dans ce dernier cas, la décision serait appliquée, mais à contrecœur et un des facteurs essentiels à la réussite, la motivation, serait absent.

▼ REPÉRER LES SIGNAUX

Il est impératif d'observer et de réagir aux signes non verbaux et savoir les interpréter peut vous aider à répondre de manière appropriée aux objections.

RÉSISTANCE — DOUTE — JUGEMENT — SOUTIEN

89 Ne soyez pas belliqueux, cela desservirait vos intérêts.

▲ INFORMER
Que les nouvelles soient bonnes ou mauvaises, transmettez-les vite pour couper court aux rumeurs. Créez une ambiance détendue où l'on sent que vous êtes à l'écoute des éventuelles réserves.

90 Impliquez le plus souvent possible vos collègues dans vos prises de décisions.

RÉPONDRE AU PERSONNEL

Si vous sentez qu'une décision a suscité de nombreuses objections, convoquez une réunion pour discuter des problèmes et clarifier la situation. Même lorsqu'une décision est sans appel, laissez les gens exprimer librement leur opinion et écoutez ce qu'ils ont à vous dire. Pour surmonter les réticences, il suffit souvent d'écouter, de discuter et de rassurer. Commencez par déterminer les doléances. Y a-t-il des objections particulières pouvant être levées par des changements mineurs ? Si oui, informez qu'ils seront opérés.

SE CONCENTRER SUR LES AVANTAGES

Une décision implique parfois des changements ayant des répercussions négatives sur certains membres du personnel (certaines fonctions peuvent changer ou faire double emploi). Assurez les personnes touchées de l'estime que vous leur portez, verbalement ou sous forme de compensation financière et expliquez clairement pourquoi vous avez pris cette décision. Restez toujours positif lorsque vous exposez les bénéfices de votre décision.

POINTS À RETENIR

- Présentée sous un jour positif, une décision désagréable est toujours mieux acceptée.
- Ceux qui émettent des objections le font généralement avec calme.
- Les furieux peuvent faire des remarques pertinentes qui méritent une réponse.
- Même les décisions définitives peuvent être revues en cas de motif sérieux.

SURVEILLER LES PROGRÈS

Une fois que la mise en application d'une décision s'est enclenchée, tout ne marche pas toujours comme prévu. Surveillez la progression afin de détecter rapidement les problèmes et de trouver des solutions efficaces.

91 Cherchez toujours à savoir ce qui vous a écarté de votre plan d'action d'origine.

92 Si vous annulez la décision d'un subordonné, expliquez-lui pourquoi.

ÉVALUER LES PROGRÈS

Les progrès d'un plan d'action découlant de votre décision se mesurent en temps et en coûts. Pour surveiller le plan financier, comparez les frais déjà engagés au budget prévu. Parallèlement, actualisez la prévision de coûts et de bénéfices finaux Établissez un graphique de progression sur l'année indiquant les performances actuelles du projet et comparez-le au plan d'origine pour déterminer si des problèmes se profilent. Si vous devez modifier le plan, notez dans un journal de bord les changements opérés, leurs motifs, la personne qui les a autorisés et les résultats obtenus.

FIXER DES DATES DE CONTRÔLE

Contrôlez régulièrement le stade d'avancement d'une décision, soit à échéances naturelles, soit à intervalles définis, pour vérifier si la décision d'origine est toujours pertinente. Ce contrôle est extrêmement important si la décision touche la globalité d'un projet. Il peut s'avérer nécessaire de prendre des mesures draconiennes pour ramener le projet sur ses rails, avec modification de tout ou partie du plan d'action. Prévoyez des plans d'urgence au cas où le projet doive être abandonné. Fixez des échéances auxquelles seront ou non accordés des « feux verts », par exemple, lorsque la validité d'une décision a été analysée ou lorsque le projet passe en phase d'essai.

POINTS À RETENIR

- Distribuez un plan d'action à toutes les personnes impliquées.
- Refuser un feu vert peut impliquer de repartir de zéro.
- Il est parfois plus sage de faire « contre mauvaise fortune bon cœur » que d'abandonner totalement un projet.
- N'annulez la décision d'un subordonné que si vous n'avez pas d'autre choix.
- Surveiller les progrès implique d'analyser la mise en œuvre sous différents angles.

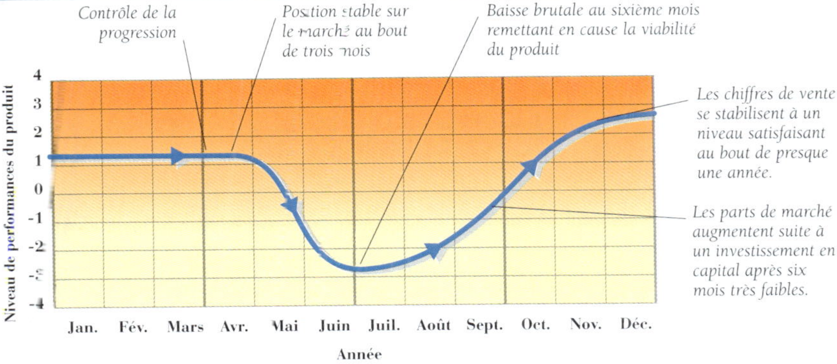

▲ OBSERVER LA PROGRESSION
Les performances étant contrôlées et revues tous les trois mois, la chute des ventes du sixième mois de ce nouveau produit a été facile à rectifier par un investissement supplémentaire.

MODIFIER DES DÉCISIONS

Lorsque vous revoyez des décisions, demandez-vous : « Rétrospectivement, est-ce que je prendrais la même décision ? » Si la réponse est « Non », revoyez votre décision et rectifiez les failles. Modifier une décision peut impliquer un investissement financier supplémentaire ou des remplacements de personnel. Plutôt que de mener à terme un projet sans aucune modification du plan d'action, la révision ponctuelle des données s'avère souvent plus payante.

93 Si votre décision ne vous enthousiasme qu'à moitié, annulez-la.

ANNULER DES DÉCISIONS

Surveiller l'avancement peut vous permettre de déceler des décisions qui ne marchent pas ou que des événements ont rendues obsolètes. Si vous devez annuler une décision prise par d'autres, procédez en douceur. Soyez diplomate, mais n'oubliez pas que vous devez avant tout agir pour le bien de l'entreprise et de ses employés. Si une décision menace l'avenir ou l'équilibre financier de l'entreprise ou de ses employés, réagissez immédiatement. Discutez avec toutes les personnes impliquées dans la mise en œuvre de la décision d'origine. Si vous ne savez pas comment résoudre le problème, envisagez de reprendre tout de zéro.

94 Si vos décisions ne marchent pas, révisez-les.

95 Notez tous les écarts, si infimes soient-ils, par rapport au plan fixé.

DÉCIDER POUR D'AUTRES

La plupart des décisions sont déléguées à des subordonnés. Même si la décision ultime revient à celui qui délègue, souvenez-vous que vous êtes au final responsable de la réussite des tâches qui vous sont confiées.

96 Ne noyez pas sous une pile de rapports la personne qui délègue une tâche.

97 Quand quelqu'un vous demande conseil, pensez à ce que vous feriez à sa place.

ASSUMER UNE DÉLÉGATION

Lorsqu'un supérieur vous délègue une prise de décision, vous devez savoir si vous avez carte blanche ou si la décision finale est tributaire de son accord. Si la délégation est sans réserve, il vous suffit de le tenir informé des phases essentielles du processus de prise de décision et de mise en application. Si la personne qui délègue est omniprésente, n'obéissez pas aveuglément, usez de d'arguments et de diplomatie pour gagner de l'autonomie. Tenez compte de la personnalité du délégant pour définir votre plan d'action.

CONTRIBUER À UNE DÉCISION

Si vous êtes convié à aider un décideur dans sa tâche, vous devrez peut-être élaborer un scénario, imaginez une réponse à la concurrence, évaluer des limites techniques ou des occasions. Rappelez-vous que votre mission consiste à soutenir et non à remplacer le décideur, mais orientez la décision dans la voie qui vous paraît la meilleure. Exprimez votre opinion sans crainte ni condescendance : ménager son interlocuteur ne présente aucun intérêt. N'essayez pas d'adopter les vues du décideur, ce n'est pas ce qu'il attend.

POINTS À RETENIR

- Notez les points qui vous semblent confus et demandez des explications.
- Vos supérieurs accepteront plus facilement vos idées si vous les persuadez qu'elles viennent d'eux.
- Lorsqu'une décision qui vous a été déléguée vous pose des difficultés, demandez de l'aide immédiatement.
- Dire toujours « Oui » est totalement improductif.

DEMANDER DES EXPLICATIONS

Il est essentiel que vous compreniez bien ce que l'on attend de vous. En cas de doutes, notez les points à clarifier. Que vos doutes proviennent d'une mauvaise transmission des informations de la part de votre responsable ou du nombre trop important d'informations à enregistrer à la fois, vous devez chercher à lever vos doutes. Ne sollicitez pas trop votre responsable, dressez la liste de tous les points à éclaircir et demandez une entrevue.

L'employé pose des questions concernant la tâche qui lui est confiée.

▲ COMPRENDRE CE QUE L'ON ATTEND DE VOUS

Si vous avez des doutes concernant une tâche qui vous est confiée, demandez à votre responsable de coucher par écrit ce qu'il attend exactement de vous. Sinon, vous risquez de ne pas lui fournir le résultat escompté.

À FAIRE ET À NE PAS FAIRE

- ✔ Contestez une décision injuste.
- ✔ Demandez une définition claire de votre rôle.
- ✔ Transmettez les informations obtenues aux personnes chargées d'exécuter la tâche confiée.
- ✔ Protestez poliment en cas de trop d'ingérence de votre supérieur.

- ✘ N'essayez pas de reprendre à votre compte la décision d'un supérieur.
- ✘ N'acceptez pas une décision juste pour avoir la paix.
- ✘ N'oubliez pas de « vendre » vos décisions aux décideurs.
- ✘ N'oubliez pas vos responsabilités vis-à-vis de vos collègues.

98 Ne vous laissez pas envahir par vos supérieurs, mais n'hésitez pas à solliciter leur soutien au moment voulu.

PRENDRE CONSCIENCE DE SES RESPONSABILITÉS

Pour mener une tâche à bien, vous devez savoir quelles sont vos responsabilités. Pour surveiller vos progrès et exécuter correctement votre tâche, établissez votre plan d'action. Vos responsabilités peuvent dépasser le cadre de la tâche qui vous est confiée. Réfléchissez à vos relations avec d'autres personnes et d'autres tâches et gardez présents à l'esprit vos intérêts communs. De la réussite de votre tâche dépend peut-être le succès d'un projet plus vaste.

ENCHAÎNER DES DÉCISIONS

Peu de décisions sont totalement isolées. La plupart en entraînent d'autres, enclenchant des retours d'informations et d'analyse. Pour bien enchaîner des décisions, tirez profit des expériences antérieures de vos plans d'action.

99 Soyez toujours prêt à faire face aux imprévus qui contrecarrent vos plans.

100 Limitez le nombre d'objectifs à atteindre pour qu'ils soient bien clairs.

101 Soyez prêt à modifier votre plan d'action en fonction des circonstances.

REVOIR SES OBJECTIFS

Vérifiez régulièrement que les décisions prises sont en accord avec les objectifs fixés. Les objectifs d'origine sont-ils toujours d'actualité ? Si tel est le cas, quelle nouvelle décision pouvez-vous prendre pour augmenter vos chances de les atteindre ? Sinon, revoyez vos objectifs et réfléchissez de nouveau aux décisions à prendre. Vous devez déterminer clairement quelle est la meilleure façon d'atteindre vos objectifs globaux et vous fixer à cette ligne de conduite.

AFFECTER DES PRIORITÉS AUX DÉCISIONS

Ne repoussez pas à l'infini des décisions qui doivent être prises, sous prétexte que vous attendez que le budget ou la planification annuels soient fixés. Le budget et la planification habituels ne laissent aucune place aux imprévus, tels que l'arrivée d'un nouveau produit révolutionnaire plus performant que le vôtre. Un tel événement exige de prendre des mesures immédiates, quelles que soient les prévisions de budget et de planification. Dans une telle situation, vous pouvez combattre cette technologie révolutionnaire par un investissement immédiat, même si cette stratégie n'a pas été budgétée ni planifiée.

Noter les observations est essentiel.

TIRER PARTI DE SES RÉUSSITES

En gestion comme en médecine, on pratique une autopsie après un désastre, mais les réussites sont souvent négligées. Pourtant, il est aussi important d'analyser la réussite d'une décision que d'expliquer son échec. Le contexte précis d'une décision et le plan d'action qui en découle peuvent ne jamais se reproduire, mais une bonne méthodologie peut se révéler riche d'enseignements pour l'avenir. La technique du « bilan d'action », appliquée dans l'armée américaine, est très utile. Après chaque mise en application d'une décision, prenez le temps de réfléchir à ce qui s'est bien et mal déroulé, et déterminez pourquoi. Mais constater ne suffit pas. Notez vos réflexions pour que la leçon vous profite, ainsi qu'à d'autres, dans l'avenir.

ÉVALUER L'EFFICACITÉ D'UNE DÉCISION

Déterminez le problème à l'origine de la décision

↓

Analysez la cause apparente de ce problème

↓

Revoyez les actions entreprises pour le résoudre

↓

Évaluez l'efficacité de ces actions

↓

Tirez les enseignements qui s'imposent des actions entreprises

▼ RÉVISER UN PLAN D'ACTION

Pour réviser un plan d'action, organisez une réunion. Analysez aussi bien les aspects positifs que les aspects négatifs de la situation de façon à reproduire les succès et à éviter les échecs dans l'avenir.

Une écoute active encourage la participation.

Un retour positif d'informations remonte le moral de l'équipe.

ÉVALUER SES COMPÉTENCES

Prendre chaque fois la bonne décision est presque impossible. Mais si vous suivez les processus requis et utilisez les techniques et les outils adéquats, vous augmenterez vos chances de faire les bons choix. Testez vos performances à l'aide du test ci-dessous. Soyez le plus honnête possible. Si votre réponse est « Jamais », cochez la case 1 ; si c'est « Toujours », cochez la case 4, etc. Additionnez vos points. Servez-vous des notes obtenues pour déterminer les points à améliorer.

OPTIONS

1 Jamais

2 Parfois

3 Souvent

4 Toujours

1 Je prends mes décisions en temps et en heure et m'assure de leur mise en application.

1 2 3 4

2 J'analyse soigneusement et intégralement les situations avant de me faire une opinion.

1 2 3 4

3 Je délègue toutes les décisions que je ne suis pas obligé de prendre moi-même.

1 2 3 4

4 Pour prendre une décision, je combine approche intellectuelle et approche créative.

1 2 3 4

5 Je pense au type de décision que je dois prendre avant de lancer le processus.

1 2 3 4

6 J'exploite mes connaissances de mon entreprise pour être soutenu dans mes décisions.

1 2 3 4

7 J'affecte des priorités aux facteurs déterminants selon la règle des « 20/80 ».

1	2	3	4

8 Je prépare une solide argumentation pour étayer mes décisions stratégiques.

1	2	3	4

9 Je recherche le plus large engagement possible dans le processus de prise de décision.

1	2	3	4

10 Je consulte toutes les personnes pouvant m'aider à prendre la bonne décision.

1	2	3	4

11 J'évalue le SWOT de mon entreprise et de ses concurrents.

1	2	3	4

12 Je me débarrasse des vieilles idées par une approche volontaire et créative.

1	2	3	4

13 J'encourage les équipes à penser en tant que groupe et non avec leurs préjugés individuels.

1	2	3	4

14 Je prépare mes idées avant les réunions et incite les autres à en faire autant.

1	2	3	4

15 J'évalue les solutions d'après des critères objectifs auxquels la décision doit répondre.

1	2	3	4

16 Je puise à toutes les sources d'informations disponibles dans et hors de l'entreprise.

1	2	3	4

17 J'analyse les actions et les réactions qui affectent mes décisions et en découlent.

1	2	3	4

18 J'évalue les probabilités lorsque j'analyse des résultats prévus et planifiés.

1	2	3	4

19 Au besoin, j'utilise des outils informatiques pour m'aider dans mes décisions.

1	2	3	4

20 J'essaie de réduire les risques, mais n'hésite pas à prendre ceux qui sont nécessaires.

1	2	3	4

21 J'élabore différents scénarios pour affiner mes prévisions et tester la viabilité de mes plans.

1	2	3	4

22 Je prends les décisions en fonction de leur valeur, sans craindre pour ma position.

1	2	3	4

23 Je sollicite du soutien à toutes les étapes du processus de prise de décision.

1	2	3	4

24 J'implique toute l'équipe dans l'élaboration de plans de mise en application.

1	2	3	4

25 Je nomme un responsable pour chaque étape du plan d'action défini.

1	2	3	4

26 Je communique mes décisions franchement, sans détour et le plus vite possible.

1	2	3	4

27 J'encourage le personnel à me faire part sans réserve de toutes ses objections.

1 2 3 4

28 Je mets en place des systèmes de surveillance de la progression des plans d'action.

1 2 3 4

29 J'organise des bilans d'action pour tirer les leçons des réussites comme des échecs.

1 2 3 4

30 J'explique clairement mes décisions et m'assure qu'elles ont été bien comprises.

1 2 3 4

31 J'assume l'entière responsabilité des performances de ceux que j'embauche.

1 2 3 4

32 J'essaie de terminer toutes mes réunions par des prises de décisions claires.

1 2 3 4

Résultats

Après avoir répondu à toutes les questions, additionnez vos points et vérifiez vos performances d'après le total obtenu. Quel que soit votre score, n'oubliez pas que vous pouvez toujours vous améliorer. Identifiez vos points faibles et reportez-vous dans cet ouvrage aux paragraphes qui vous donneront des conseils et des trucs pour accroître vos compétences de décideur.

De 32 à 64 points : Vous être un piètre décideur. Repérez les domaines où vous avez un mauvais score et essayez des méthodes que vous n'aviez pas encore expérimentées.

De 65 à 95 points : Vous avez de bonnes bases pour devenir un bon décideur, mais vous devez vous perfectionner.

De 96 à 128 points : Vous avez d'excellentes capacités de décideur, mais ne vous reposez pas sur vos lauriers, cherchez à les améliorer encore.

INDEX

6/99

CRÉDITS PHOTOGRAPHIQUES

Photographies

Code : h *haut* ; b *bas* ; c *centre* ; d *droite* ; g *gauche*

Pictor International, london 4-5 ; Tony Stone Images : Bruce Ayres 28bd, Franck Herholdt 19b, 43hd, alan Klehr 13hg, Ron Sherman 39h ; Telegraph Colour Library : 49hd, Spencer Rowell 59h.

Sommité dans le monde du management international, Robert Heller est le fondateur du plus grand magazine de management en Grande-Bretagne : *Management Today*. Il est très demandé comme conférencier en Europe, en Amérique du Nord et du Sud et en Extrême Orient. En tant que directeur de la publication du *Haymarket Publishing Group*, il est responsable du lancement, en Grande-Bretagne, de plusieurs magazines couronnés de succès comme *Campaign*, *Computing* et *Accountancy Age*. Ses nombreux ouvrages, unanimement salués par la critique, sont des best-sellers mondiaux. En voici les titres : *The Naked Manager*, *Culture Shock*, *The Age of the Common Millionaire*, *The Way to Win* (en collaboration avec Will Carling), *The Complete Guide to Modern Management* et le plus récent, *In Search of European Excellence*.